O Caminho do Silêncio

Dados Internacionais de Catalogação na Publicação (CIP)
(Câmara Brasileira do Livro, SP, Brasil)

Steindl-Rast, David
  O caminho do silêncio : viver o sagrado todos os dias /
David Steindl-Rast ; tradução de Maria Elizabeth Hallak Neilson.
1. ed. – Petrópolis, RJ : Vozes, 2021.

  Título original: The way of silence
  ISBN 978-65-5713-253-1

  1. Silêncio – Aspectos religiosos – Igreja Católica 2. Vida espiritual – Budismo 3. Vida espiritual – Igreja Católica I. Título.

21-66711   CDD-248.4

Índices para catálogo sistemático:

1. Silêncio : Aspectos religiosos : Cristianismo
   248.4

Maria Alice Ferreira – Bibliotecária – CRB-8/7964

David Steindl-Rast

O Caminho do Silêncio

Viver o sagrado todos os dias

Tradução de
Maria Elizabeth Hallak Neilson

Petrópolis

© 2016, David Steindl-Rast

Tradução realizada a partir do original em inglês intitulado
The Way of Silence – Engaging the Sacred in Daily Life

Direitos de publicação em língua portuguesa:
2021, Editora Vozes Ltda.
Rua Frei Luís, 100
25689-900 Petrópolis, RJ
www.vozes.com.br
Brasil

Todos os direitos reservados. Nenhuma parte desta obra poderá ser reproduzida ou transmitida por qualquer forma e/ou quaisquer meios (eletrônico ou mecânico, incluindo fotocópia e gravação) ou arquivada em qualquer sistema ou banco de dados sem permissão escrita da editora.

CONSELHO EDITORIAL

Diretor
Gilberto Gonçalves Garcia

Editores
Aline dos Santos Carneiro
Edrian Josué Pasini
Marilac Loraine Oleniki
Welder Lancieri Marchini

Conselheiros
Francisco Morás
Ludovico Garmus
Teobaldo Heidemann
Volney J. Berkenbrock

Secretário executivo
João Batista Kreuch

Diagramação: Sheilandre Desenv. Gráfico
Revisão gráfica: Lorena Herédias
Capa: Ygor Moretti

ISBN 978-65-5713-253-1 (Brasil)
ISBN 978-1-63253-016-5 (Estados Unidos)

Editado conforme o novo acordo ortográfico.

Este livro foi composto e impresso pela Editora Vozes Ltda.

Sumário

1 Aprendendo a orar em silêncio, 7

2 O instinto *volta ao lar* do coração humano, 21

3 O místico em todos nós, 37

4 Vivo de corpo, mente e espírito, 55

5 Encontrando Deus através dos sentidos, 69

6 Cultivando a alegria grata, 77

7 Em sintonia com a ordem dinâmica do amor, 85

8 Pisando em terra sagrada, 93

9 Nossa busca pelo significado supremo, 101

10 O âmago místico da religião organizada, 109

Meditação, 123

Fontes, 127

1

Aprendendo a orar em silêncio

O silêncio tem um sentido tanto negativo quanto positivo. Na acepção negativa, silêncio significa ausência de som ou de palavra. Nestas páginas, iremos focar na acepção positiva do termo. O silêncio é a matriz da qual nasce a palavra, o lar para onde a palavra retorna através da compreensão... Para aqueles que conhecem apenas o mundo das palavras, o silêncio é mero vazio. Mas o nosso coração silencioso conhece o paradoxo: o vazio do silêncio é inesgotavelmente rico; todas as palavras existentes no mundo são apenas um filete da sua plenitude.

Gratidão, a alma da oração

Esta é minha lembrança mais antiga da oração: minha avó, de terço na mão, recostada em sua cama depois de almoçarmos, deslizava as contas entre os dedos, movendo silenciosamente os lábios. Quando penso em quão grande sua cama me parecia, imagino que ainda devia ser pequeno na época. Não obstante, quando lhe pedi que me ensinasse aquela brincadeira misteriosa, fui atendido. As histórias abarcadas nos quinze mistérios do rosário, à medida que minha avó as contava, permaneceram em minha mente e germinaram em meu coração. Como mudas enraizadas em terra boa, foram crescendo e dando brotos. Até hoje, como um velho morangueiro, rendem frutos.

Cerca de 30 anos depois, num continente diferente, minha avó novamente se achava deitada em sua cama e eu, ajoelhado ao seu lado. Desta vez, ela se encontrava à morte. Minha mãe, também ajoelhada junto da mãe moribunda, recitava comigo, em inglês, as preces pelos agonizantes contidas em meu breviário. A despeito de estar em coma, minha avó inquietava-se. Repetidamente, erguia um pouco a mão esquerda e a deixava cair na cama. Podíamos escutar o tilintar do terço de prata enrolado em seu pulso. Por fim, entendemos. Interrompemos a leitura dos salmos e iniciamos os mistérios dolorosos do rosário.

Meu filho dirigiu-se com seus apóstolos ao Monte das Oliveiras, a um jardim onde costumava se retirar para orar. Ali, sentiu tristeza; uma profunda, profunda tristeza. Ali, sentiu-se sozinho. Meu filho, em sua humanidade, experimentou a tristeza mais profunda que alguém jamais poderia experimentar por ser puro de coração, sem pecado. Ele levara consigo seus amigos mais íntimos, Pedro – a quem confiaria a Igreja –, Tiago e João. João viria a cuidar de mim depois de Jesus haver ressuscitado dos mortos. Jesus disse-lhes: "Minha alma está triste até a morte. Permanecei aqui e vigiai comigo". E, indo um pouco mais adiante, prostrou-se com o rosto em terra. Ele queria rezar sozinho. Queria derramar o seu coração no coração do Pai...

Ao soar dessas frases familiares, minha avó relaxou e, quando chegamos ao último mistério do terço, a contemplação da morte de Jesus na cruz, ela, serenamente, devolveu seu sopro de vida a Deus.

Outra recordação de minha infância está ligada à oração do *Angelus*. Por toda a minha Áustria natal, o badalar dos sinos ecoa das torres de todas as igrejas ao amanhecer, ao meio-dia e logo antes do anoitecer. Certa vez, na escola, quando eu cursava a primeira série do Ensino Fundamental, estava de pé junto a uma janela aberta no último andar do prédio, observando o que poderia ser designado como "campus", em razão do tamanho e da beleza da nossa escola, construída pela Congregação dos Irmãos Cristãos. Era meio-dia. As aulas tinham terminado havia pouco e uma torrente de crianças e professores inundava os pátios e corredores. Do alto, o cenário lembrava-me um formigueiro, numa tarde quente de verão. De repente, o sino da igreja tocou o *Angelus* e, imediatamente, todos aqueles pés apressados, lá embaixo, estancaram. "O anjo do Senhor anunciou a Maria..." Fora-nos ensinado a enunciar esta prece em silêncio. Instantes depois, o badalar do sino principiou a desacelerar e, ao seu último toque, o formigueiro voltou a fervilhar.

Hoje, após tantos anos, persevero guardando este momento de silêncio ao meio-dia. Com sinos ou sem sinos, rezo o *Angelus*. Permito ao silêncio cair como uma pedrinha no meio do meu dia e emito suas ondulações sobre a superfície das horas, em círculos cada vez mais amplos. Assim é o *Angelus* para mim, o agora da eternidade reverberando através do tempo.

Ave-Maria, cheia de graça,
O Senhor é convosco,
Bendita sois vós entre as mulheres
E bendito é o fruto do vosso ventre, Jesus.
Santa Maria, Mãe de Deus,
Rogai por nós, pecadores,
Agora e na hora da nossa morte. Amém.

Gostaria de relatar aqui mais uma lembrança, a lembrança de meu primeiro contato com a Oração de Jesus, a Oração do Coração, como também é chamada. Na ocasião, apesar de mais velho, era ainda menino, tinha uns 12 anos talvez. Estava com minha mãe na sala de espera do consultório médico e me remexia sem parar, ora apoiava a mão direita num joelho, ora noutro, ora no braço da cadeira, ora no peitoril de uma janela, de onde se avistavam apenas uma sebe alta e algumas teias de aranha. Minha mão estava completamente enfaixada e eu fora ao médico para a troca de curativo. Depois de alguns minutos examinado um frasco repleto de sanguessugas vivas – até então, os médicos no interior conservavam o costume de usá-las para realizar procedimentos de sangria –, não havia mais nada na sala vazia que me mantivesse entretido e meu desassossego só aumentava.

De súbito, minha mãe disse algo que me surpreendeu:

– Os russos sabem o segredo de nunca ficar entediado.

Os russos, para mim, estavam associados somente aos Jogos Olímpicos, contudo, se existia um método secreto para superar o tédio, eu precisava aprendê-lo o mais rápido possível. Apenas anos mais tarde, quando me deparei com um clássico da Ortodoxia Oriental, *Relatos de um Peregrino Russo*, pude compreender a enigmática referência de minha mãe a essa obra anônima, traduzida do russo.

Senhor Jesus Cristo, tende piedade de mim, pecador.

De fato, *Relatos de um Peregrino Russo* me falou, extensamente, sobre o segredo de jamais se sentir enfadado, todavia, minha mãe, ao resumi-lo com tamanha simplicidade, o imbuiu de ainda mais sentido para um garoto de 12 anos.

– Basta você repetir o nome de Jesus várias vezes, a cada respiração. Isso é tudo. O nome de Jesus irá lembrá-lo de tantas histórias boas, que você nunca achará que as horas estão custando a passar.

Eu experimentei e funciona.

O tédio, conforme ficaria claro, nunca seria um problema em minha vida – pelo contrário. Na verdade, posteriormente, quando a Oração de Jesus se converteu na minha forma constante de orar, comecei a enxergá-la mais como uma âncora, que me mantém com os pés plantados no chão quando minha vida é qualquer coisa, exceto maçante. A Oração de Jesus sustenta o meu coração "ancorado na alegria duradoura", segundo as palavras do Missal Romano.

Depois de ler *Relatos de um Peregrino Russo*, fiz um anel de contas de madeira e as movo, uma de cada vez, ao repetir a Oração de Jesus. Este movimento de meus dedos tornou-se de tal sorte atrelado àquela prece que, com o auxílio do anel, consigo continuar rezando mesmo enquanto leio ou converso com alguém. É como se fosse uma música ambiente que, embora não ocupe o primeiro plano da minha consciência, pode ser ouvida o tempo inteiro.

A fórmula da oração que me tem sido de maior auxílio é "Senhor Jesus, misericórdia!" O Peregrino Russo inclinava-se pela enunciação mais longa, eu, porém, havendo rezado as diversas versões, creio que a curta é a que mais repercute em minha alma.

Na maioria das vezes, esta prece exprime minha gratidão. Ao defrontar-me com uma determinada situação e a assimilar, vejo essa realidade como uma faceta da dádiva suprema de Deus, sintetizada no nome de Jesus. Ao expirar, rezo a segunda metade da oração, conferindo-lhe o seguinte sentido: "Oh, quão grande é a misericórdia que você derrama sobre mim, a todo momento!" Evidentemente, em certas circunstâncias, "Misericórdia!" equivale a um pedido de socorro, quando, por exemplo, já exausto, tenho que cumprir um prazo final, ou quando leio sobre a destruição de florestas tropicais, ou sobre as dezenas de milhares de crianças que, neste planeta de abundância, morrem de fome a cada 24 horas. "Misericórdia!", suspiro, "Misericórdia!"

A Oração de Jesus está agora tão intrinsecamente conectada ao meu processo de inspirar e expirar, que flui de modo espontâneo na maior parte do tempo. Não raro, quando estou quase adormecendo, a prece se estende até se mesclar à respiração profunda do sono.

Terço, *Angelus* e a Oração de Jesus são algumas das preces formais que mais nos alimentam. De jeito nenhum são as únicas, apenas as mais facilmente descritas. Como posso começar a explicar a você o que as horas monásticas de oração significam para mim? Escrevi um pequeno livro a este respeito, *Music of Silence* (*Música do silêncio*), com a intenção de procurar demonstrar como não somente os monges, mas qualquer pessoa – independentemente de seu estilo de vida – é capaz de adentrar aqueles momentos do dia em que o próprio tempo ora. Pai Nosso e Credo são, também, inesgotáveis, e eu poderia escrever um livro inteiro sobre cada uma dessas preces.

Contudo, ainda estamos aqui na esfera da oração formal, e esta é como um baldezinho do qual uma criança, vezes e vezes sem conta, tira e derrama a água do oceano da oração.

O estado orante informal é o húmus, negro e fértil, em que as preces formais germinam. Não podemos separar as preces formais das informais. Devemos, entretanto, estabelecer uma diferenciação entre ambas e focar, por um instante, na oração como uma atitude interior, e não como uma forma exterior de rezar. Quando faço isso, percebo-me resvalando, suavemente, para dentro e para fora de três atitudes de oração tão díspares, que as considero mundos de oração totalmente distintos.

Minha chave para o primeiro destes mundos interiores é o que denomino "palavra".

Não estou me referindo a nenhum vocábulo, – ou vocábulos –, em particular, e sim à descoberta de que qualquer coisa, qualquer pessoa, qualquer situação, é uma palavra endereçada a mim por Deus. Mesmo não sendo sempre capaz de captar a mensagem, sei que acabarei compreendendo-a se lhe prestar profunda atenção com os ouvidos do coração. São Bento qualifica esta escuta, profunda e receptiva, de "obediência". Com frequência, pensamos em obediência como cumprimento de ordens. Se assim fosse, Deus seria uma espécie de excelso sargento-instrutor. Na minha experiência, na maior parte do tempo, Deus não dá ordem nenhuma. Longe disso. Deus canta, e eu canto de volta.

Este canto pode ser tão exultante quanto o vermelhão dos tomates criados por Deus, quanto o arrojo de uma pipa no céu, ou o chapinhar de crianças na piscina. O canto é a resposta jubilosa do meu coração. Todavia, o canto de Deus pode ser também tão pesado quanto a fragrância dos lírios num velório, tão pesado quanto a notícia da dor de um amigo. Ou pode ser tão leve quanto o som do cravo, quanto um passeio num dia de primavera; tão triste quanto o uivo de um trem noturno, ou quanto o noticiário do fim da noite. Este canto pode ser alegre, encantador, desafiador, divertido. Em tudo o que vivemos, podemos ouvir Deus cantando, se escutarmos com atenção.

Nosso coração é um receptor altamente sensível, apto a escutar através de todos os nossos sentidos. Não só aquilo que ouvimos, e sim tudo o que vemos, saboreamos, tocamos ou cheiramos, vibra, no âmago do nosso ser, com o cântico de Deus. Estar em sintonia com esta canção, impregnado de gratidão, é o que chamo de cantar de volta. Tal atitude de oração tem proporcionado uma alegria imensa a todos os meus sentidos e ao meu coração.

Um mundo interior de oração inteiramente diferente, onde também me sinto em casa, é aquele para o qual o silêncio abre a porta – um silêncio não somente notado pelos ouvidos, mas também uma serenidade do coração, uma quietude lúcida e íntima, semelhante à calmaria de um dia sem vento em pleno inverno. Este silêncio resplandece como um raio de sol sobre a neve intocada, como em alguns dias de minha infância de que me recordo, nos Alpes Austríacos.

Ou como o breve silêncio entre o clarão do relâmpago e o estrondo do trovão, os segundos em que prendemos a respiração. Certa vez, numa ilha no Maine, deparei-me com piscinas naturais na costa de granito, a água tão parada e límpida que, lá no fundo, se viam os tentáculos delgados das anêmonas-do-mar, balançando-se feito serpentinas festivas. Ainda mais límpido é o espaço interior para o qual o silêncio é a chave. Nem sempre encontro a chave, porém, quando isto acontece, simplesmente entro. O entrar ali já é uma oração.

Para um terceiro mundo interior, a ação – a ação amorosa – é a chave.

Há, com certeza, uma grande diferença entre a oração da ação e a do silêncio, ou a da palavra. Neste terceiro mundo, não é por meio da escuta e da resposta, ou do mergulho no silêncio, que me comunico com Deus, mas através da ação, da realização. Qualquer coisa que se faça com amor, pode transformar-se numa oração da ação.

Tampouco é necessário eu pensar explicitamente em Deus enquanto estou trabalhando, ou me distraindo. Às vezes isso seria praticamente impossível. Ao revisar um manuscrito, é melhor me concentrar no texto, não em Deus. Se minha mente estiver dividida entre os dois, os erros de digitação escaparão de meus dedos como peixes por uma rede rasgada. Deus estará presente exatamente na atenção amorosa dedicada à incumbência a mim confiada. Ao me entregar, completa e amorosamente àquele trabalho, entrego-me completamente a Deus. Isto acontece não apenas em relação aos nossos encargos, ocorre também quando estamos nos distraindo, como, por exemplo, observando os pássaros, ou assistindo a um bom filme. Deus deve estar se deleitando comigo, quando estou me deleitando em Deus. Pois não é esta comunhão a essência da oração?

Uma das dádivas pela qual mais sou grato em minha vida é a maneira como me ensinaram sobre a Santíssima Trindade. São muitos os que me contam que, desde cedo, lhes foi incutida a ideia de que a Trindade de Deus é um mistério tamanho que jamais poderia ser compreendido. Portanto, concluíram eles, por que se preocupar com isso? Quanto a mim, quando me falavam sobre esse mistério, era sempre num tom que me convidava a explorá-lo – uma tarefa não apenas vitalícia, mas de vida eterna, de uma vida além do tempo. Minha vida de oração tem sido, precisamente, tal exploração. E prossegue sendo. Com efeito, agora, nos meus 80 e tantos anos, constato que mal comecei a jornada. Desde que me entendo por gente, aprendi a pensar em Deus como alguém muito perto de mim, não um ser distante. Eu devia ter uns 4 anos ou 5 anos quando entrei, correndo e ofegante, na cozinha, vindo do jardim, para anunciar que acabara de ver o Espírito Santo escrevendo algo no céu. Na realidade, fora um anúncio de sabão em pó escrito por um avião voando tão alto que parecia a pomba branca do afresco da Santíssima Trindade, pintada no teto da nossa igreja. Nesta mesma época, pouco antes do Natal, quando as crianças austríacas esperam que o Menino Jesus, e não o Papai Noel, lhes traga presentes, achei, numa manhã, um minúsculo fio de lamê dourado no tapete e não houve nada que me convencesse de que não se tratava de um fio de cabelo caído da cabeça do Menino Jesus. Os arrepios de assombro e a terna emoção que me dominaram ainda estão vívidos em minha memória.

Esses equívocos infantis foram, no entanto, genuínas experiências religiosas. O que era essencial em cada uma delas permaneceu: a sensação da proximidade de Deus. De fato, não só permaneceu como continuou crescendo, ampliando-se e aprofundando. Na realidade, considero *proximidade* uma palavra fraca demais. Ao escutar uma homilia de nosso capelão estudantil, padre Diego, senti-me arrebatado, em êxtase, ao compreender que podemos conhecer Deus como trino *exatamente* porque somos atraídos para a eterna dança do Pai, Filho e Espírito Santo. Para os estudantes em Viena, não é frivolidade vincular Deus à dança. Dança, para nós, é coisa séria – não terrivelmente séria, mas séria. Muito tempo depois daquela homilia marcante, aprendi um cântico sobre

Cristo como o "Senhor da Dança", a letra composta para uma antiga melodia *shaker*.

Também aprendi que São Gregório de Nissa, nos idos do século IV, falara do inter-relacionamento da Santíssima Trindade como um Círculo de Dança; o Filho eterno vem do Pai e, no Espírito Santo, nos conduz, juntamente com toda a Criação, de volta para o Pai.

Podemos abordar esta Grande Dança também em termos de Palavra, Silêncio e Ação. O Lógos, a Palavra de Deus, brota do silêncio insondável de Deus e volta para Deus, carregada com a colheita no Espírito, que inspira a ação amorosa. Esta perspectiva Trinitária nos ajuda a compreender, de maneiras sempre renovadas, a "comunicação com Deus" – a que denominamos orações – não como uma espécie de ligação telefônica celestial de longa distância, e sim como a dádiva de nos tornarmos cada vez mais vivos através da participação na vida divina. Neste ponto, retorno, novamente, à oração formal, à doxologia que tradicionalmente conclui as preces iniciadas com a fórmula "Em nome do Pai, do Filho e do Espírito Santo". Também na doxologia conclusiva, em geral, conectamos Pai, Filho e Espírito pela conjunção *e*.

Entretanto, prefiro uma versão mais antiga. Essa versão mais dinâmica dá a entender que entramos na vida divina quando oramos *ao* Pai (Mãe e Fonte de tudo o que existe), *através* do Filho (por intermédio de quem temos comunhão com Deus), *no* Espírito Santo (aquela Força que vem de Deus, que é Deus, e conduz – numa grande dança – todas as coisas de volta para a Fonte).

Meu mais elevado objetivo na oração é entrar nessa dança através de tudo o que faço, penso, sofro ou falo. É por esse fim sem final que eu anseio, sempre que rezo: "Gloria ao Pai, através do Filho, no Espírito Santo, como era no princípio, agora e sempre, pelos séculos dos séculos. Amém".

2

O instinto *volta ao lar* do coração humano

A palavra-chave da disciplina espiritual pela qual me pauto é "escuta". Este é um tipo especial de escuta, é uma escuta com o coração... Para escutar com o coração, devo voltar, vezes e vezes sem conta, ao meu coração por meio de um processo de centralização, de levar as coisas ao mais íntimo do meu ser. Escutando com o meu coração, encontrarei significado.

A Listening Heart

Estou convicto de que, no cerne de cada uma das tradições religiosas, acha-se uma experiência acessível a todos nós, se para ela abrirmos o coração. O coração de toda religião é a religião do coração.

Coração, aqui, corresponde ao âmago do nosso ser – onde estamos em total união com nós mesmos, com todos e até com a estrutura divina do nosso ser. *Pertencer* é, portanto, uma palavra-chave para compreender o coração – a unidade de pertença sem limites. *Significado* é a segunda palavra-chave, pois o coração é o órgão da significação. Assim como o olho percebe a luz e o ouvido, o som, o coração percebe o significado. Não no sentido de uma palavra procurada no dicionário, e sim no que trazemos em mente quando qualificamos uma experiência de intensamente significativa. *Significado,* nesta perspectiva, é onde encontramos repouso.

Na tradição cristã, o grande mestre do coração é Santo Agostinho. O fato de ser africano pode muito bem estar vinculado à sua consciência de alma e coração. Viver durante o colapso do Império Romano, do século IV ao século V – na verdade, o colapso do mundo conhecido de sua época –, levou-o à introspecção e a descobrir o coração. Suas *Confissões* são consideradas a primeira autobiografia psicológica. Na arte cristã, ele costuma ser retratado com um coração na mão, como se o erguendo ao alto.

"No meu íntimo, Deus é mais próximo de mim do que eu mesmo", afirmou Santo Agostinho. E, paradoxalmente, também escreveu: "Inquieto está o nosso coração enquanto não repousa em ti, ó Deus". A primeira dessas citações expressa o nosso mais profundo pertencimento; a segunda, o nosso anseio desassossegado por um sentido supremo. O que viemos a entender, no fim de nossa busca, é o significado de pertencer. E a força motriz da busca espiritual é a nossa ânsia de pertencer.

Com o intuito de concatenar, de maneira mais concreta, a proposição acima com a sua experiência pessoal, tente recordar, agora, um dos momentos mais significativos da sua vida, em que você se sentiu mais vivaz, mais desperto. Os psicólogos chamam tais momentos de "experiências culminantes"; na linguagem religiosa, "momentos místicos". A experiência mística é uma conscientização – em geral, repentina – de ser um com o Ser Supremo – uma sensação de pertencimento ilimitado a Deus, caso queiramos usar este termo. De súbito, por um breve instante, você já não se sente "largado, excluído", como tantas vezes acontece, não mais como se fosse um órfão no universo. É como uma volta ao lar, ao lugar a que você pertence.

Todos nós já tivemos tais vislumbres, ainda que nos esquivemos de denominá-los místicos. Compreendido corretamente, o místico não é um tipo especial de ser humano; pelo contrário. Todo ser humano é um tipo especial de místico. Pelo menos esta é a nossa vocação. Nas experiências culminantes, entrevemos como a vida poderia ser se os seres humanos se relacionassem uns com os outros, e com tudo o que existe, não numa atmosfera de alienação, e sim movidos por um profundo sentimento de pertença. Todos nós somos desafiados pelos lampejos percebidos em nossos momentos mais significativos. Aqueles que se põem à altura do desafio, tornam-se místicos.

Lembra-se de como esses vislumbres nos pegam de surpresa, quando menos os esperamos? Tomas Merton, de supetão, numa esquina em Louisville, Kentucky, sentiu-se um com todos ao seu redor, quando saíra simplesmente para ir ao dentista. Escreveu ele: "Estava em Louisville, na esquina das ruas Fourth e Walnut, no centro comercial da cidade, quando, de repente, senti-me subjugado pela compreensão avassaladora de que amava todas aquelas pessoas, que elas eram minhas e eu delas, que não podíamos ser estranhos uns dos outros, embora fôssemos completos desconhecidos. Era como se eu houvesse acordado de um sonho de separação, de um autoisolamento espúrio num mundo particular, o mundo de renúncia e suposta santidade"[1].

Você pode ter experimentado essa sensação de pertencimento ilimitado no topo de uma montanha, ou ouvindo uma música. Ou talvez tenha sido por ela surpreendido quando preso num engarrafamento, na hora do *rush*, ou trocando a falda do seu bebê. Não importam as circunstâncias, o fato é que nós sabemos: É isto! Esta é a resposta! A resposta a uma pergunta que continuamos carregando conosco para todo canto, incapazes de colocá-la em palavras e incapazes de abandoná-la. É possível que tampouco consigamos pôr a resposta em palavras – mas quem é capaz de traduzir em palavras o significado do alvorecer? Estamos de volta ao lar. Encontramos significação.

---

1. Thomas Merton, *Conjectures of a Guilty Bystander* (New York: Image, 2009), 153.

Toda tradição religiosa principia a partir de um *insight* místico de seu fundador – seja ele quem for. O objetivo máximo de cada uma dessas tradições é conduzir seus seguidores a uma união mística com o Ser Supremo.

Atenção aos nossos momentos significativos, a despeito de sua fugacidade, pode levar-nos ainda mais longe, pois nos possibilitam, por um instante, saborear o néctar, a doçura contida no cálice das diversas religiões, que, como flores distintas, desabrocham no jardim deste mundo. Nossos momentos significativos também nos fornecem uma espécie de matriz para compreender as diferenças – e as relações mútuas – entre as religiões. Explorar essa matriz requer de nós uma análise mais profunda. Precisamos examinar, cuidadosamente, algumas facetas sutis da experiência vivida às quais, talvez, não dediquemos devida atenção.

Quando temos um encontro significativo, quando lemos ou vemos algo extremamente relevante para nós, sentimo-nos propensos a exclamar: "Isto me fala ao coração". O que quer que seja, aquilo tem significado para nós, nos diz alguma coisa, nos transmite uma mensagem; e, sob esse prisma, eu o chamo de *Palavra*. Evidentemente não se trata, neste caso, de uma palavra pertencente ao dicionário. "Palavra", aqui, está sendo usada na sua acepção mais ampla para designar qualquer coisa que corporifique o seu significado. Tomemos, por exemplo, a vela que você acende à mesa em que partilhará uma refeição festiva com um amigo. Não é difícil para nós entender que alguma coisa "tem" significado sempre que nela "encontramos" significado.

Porém, fica um pouco mais difícil quando nos detemos num segundo aspecto de toda experiência significativa, um aspecto a que tendemos a dar menos atenção: o *Silêncio*. Creio que um exemplo possa nos ajudar. Com facilidade, distinguimos uma mera troca de palavras de uma conversa significativa. Numa conversa genuína, compartilhamos algo que vai muito além das palavras, permitimos ao silêncio do coração chegar à palavra. Ao contrário de uma troca de palavras, um verdadeiro diálogo entre amigos é, sobretudo, uma troca de silêncios por intermédio das palavras.

Nós temos vivenciado Palavra e Silêncio neste sentido. Se prestarmos atenção, somos capazes de distingui-los como características essenciais de qualquer episódio significativo. Mas existe um terceiro aspecto a ser explorado, a *Compreensão*. Qualificar algo de significativo implica entendimento. Sem compreensão, nem Palavra nem Silêncio possuem significado. O que, então, é compreensão? Podemos considerá-la um processo através do qual o Silêncio chega à palavra e a Palavra, ao ser compreendida, volta ao Silêncio.

Há uma linguagem curiosa no idioma vernacular: quando alguma coisa, uma música, ou uma ocorrência emocionante – isto é, a Palavra – torna-se profundamente significativa para nós, costumamos dizer: "Isto realmente me leva...", "me transporta...", "me lança..." A linguagem nos fornece uma pista. Quando a Palavra toca no âmago do nosso ser, somos remetidos à ação. Paradoxalmente, ambas as afirmações são verdadeiras. A Palavra, quando compreendida, encontra repouso no Silêncio, todavia este repouso não é inércia, pelo contrário, é uma conduta muitíssimo dinâmica.

Assim, a Compreensão acontece quando, ao escutarmos tão prontamente a Palavra, somos impelidos a agir, o que nos conduz de volta ao Silêncio onde germinou a Palavra e para o qual ela regressa através da ação. É vivenciando tudo isso que compreendemos.

Sendo, todas as tradições religiosas, uma expressão da busca perene do coração humano por um sentido, os três aspectos particulares da significação – Palavra, Silêncio, Compreensão – também irão caracterizar as religiões do mundo. Estes três aspectos estarão presentes em cada uma das tradições religiosas, porque são fundamentais para o significado. Não obstante, devemos esperar diferenças quanto à ênfase. Nas religiões primitivas – as africanas e as dos povos indígenas, por exemplo –, os três aspectos do significado estão ainda igualmente entrelaçados e enfatizados como mito, ritual e bem viver. Entretanto, à medida que as tradições Ocidentais – Judaísmo, Cristianismo, Islamismo – e também o Budismo e o Hinduísmo, se afastam da matriz religiosa primária, a ênfase incide, com maior intensidade, em Palavra, Silêncio e Compreensão respectivamente, embora todos os três sempre desempenhem seu papel em cada uma das tradições.

Permita-me começar com a minha própria tradição – a Cristã – para esboçar um esquema preliminar necessário, que nos auxiliará a apreciar a diversidade das tradições religiosas e a entender sua inter-relação. Não é preciso muito esforço para notar quão fortemente no Cristianismo – na realidade, em toda a tradição bíblica – a ênfase recai sobre a Palavra. Deus falou e o mundo foi criado. Esta é uma forma mítica de expressar a cosmovisão da Bíblia: tudo o que existe pode ser compreendido como Palavra de Deus. Este é um conceito tão central, que nos possibilita enxergar, corretamente, as três religiões – Judaísmo, Cristianismo e Islamismo – como se contidas numa semente do enunciado "Deus fala".

Uma das histórias hassídicas, relatadas por Martin Buber, salienta, com clareza, a proeminência da Palavra na tradição religiosa Ocidental. Conta-se que o rabi Zusia, um dos grandes místicos hassídicos, era incapaz de citar quaisquer pregações de seu mestre. A história explica esta falha grave da seguinte maneira: o professor do rabino Zusia costumava iniciar seus sermões lendo, primeiro, uma passagem das Sagradas Escrituras. Ao desenrolar um dos Pergaminhos da Torá, entoava "Deus falou...", imediatamente antes de começar a leitura. Porém, neste ponto – logo após o "Deus falou" –, o pobre rabi Zusia, já havendo ouvido mais do que conseguia suportar, exaltava-se tanto que, diante de seu descontrole, tinha que ser levado para fora da sinagoga. Então, no corredor, ou no depósito de lenha, punha-se a bater nas paredes e a gritar, "Deus falou! Deus falou!" Isto lhe bastava. Martin Buber sugere que o rabi Zusia compreendera o significado da Palavra de Deus mais profundamente do que todos aqueles discípulos que sabiam de cor os sermões do mestre. "Porque com uma palavra o mundo é criado", Buber argumenta, "e com uma palavra o mundo é redimido"[2].

Onde a Palavra é tão central, a resposta terá prioridade máxima, daí a ênfase em responder a Deus na tradição

---

2. Ver Martin Buber, *Histórias do Hassidismo: os primeiros mestres* (Nova York: Schocken, 1961), 236.

Ocidental da espiritualidade. "Viver pela Palavra" é todo um mundo de oração que nasce, caracteristicamente, da fé bíblica num Deus que fala. "Viver pela Palavra" pressupõe muito mais do que a ideia de que Deus profere a palavra no sentido de uma ordem a ser cumprida pelos fiéis. Esta é apenas a dimensão moral da questão. A dimensão religiosa plena implica sermos nutridos "por toda palavra que sai da boca de Deus". Tomemos, agora, Palavra no seu sentido ainda mais abrangente.

Se todas as coisas, todas as pessoas, todas as situações vêm do Deus que fala, o mundo inteiro é a Palavra pela qual podemos viver. Precisamos apenas "provar e ver como Deus é bom". Fazemos isto com os nossos cinco sentidos. Através de tudo o que saboreamos, tocamos, cheiramos, ouvimos e vemos, o amor de Deus pode alimentar-nos. Pois a Palavra daquele que cria e redime nos é revelada de maneiras sempre renovadas. Deus, que é amor, não tem mais nada a falar em toda a eternidade exceto "Eu te amo!" E Deus o diz de formas sempre novas por meio de tudo o que passa a existir. E nós "consumimos tudo"; ou, como diríamos sobre um livro, "Eu o devorei da primeira à última página". Assimilamos esse alimento, que assim se transforma em nossa vida. Vivemos da sua força. Tornamo-nos a Palavra.

Na espiritualidade cristã, tão forte é a ênfase na Palavra que até alguns fiéis cristãos mal têm consciência de que há, na sua própria tradição, outros mundos de oração a explorar. Um deles é conhecido como "Oração do Silêncio". Nesta esfera, o Silêncio, em si mesmo, se converte em nossa oração. C. S. Lewis mostra-se de acordo com a antiga tradição cristã ao falar de Deus como um Abismo do Silêncio dentro do qual podemos lançar nossa mente por todo o sempre e jamais ouvirmos um eco. Todavia, este abismo silencioso é também, paradoxal e igualmente, o ventre divino de onde brota a Palavra eterna. Atesta um velho ditado cristão: "Aqueles que podem ouvir a Palavra de Deus, podem também escutar o Silêncio de Deus". Os dois são inseparáveis.

Hoje, há mais e mais cristãos descobrindo, por si mesmos, a Oração do Silêncio. Às vezes não sabem nem explicar a causa da sua fome de Silêncio, do seu desejo agudo de simplesmente se abandonarem nas profundezas plácidas de Deus. Alheios a haverem encontrado seu caminho para um reino milenar e atemporal da oração cristã, ficariam ainda mais atônitos ao atinar que esta poderia ser perfeitamente designada como a dimensão budista da tradição bíblica. Palavra e Silêncio são indissociáveis, conforme já afirmamos. Tal como a Palavra é o cerne da tradição Ocidental, o Silêncio é o cerne do Budismo.

Em nenhum contexto, isto é mais evidente do que na narrativa do grande sermão sem palavras do Buda. Como é viável um sermão sem palavras? O Buda limita-se a segurar uma flor. Conta-se que somente um de seus discípulos compreende. E como pode esse discípulo provar haver compreendido sem articular uma só palavra? Ele sorriu, nos informa a história. O Buda retribuiu o sorriso e, no silêncio entre ambos, a tradição foi passada do Buda para o seu primeiro sucessor, o discípulo com o sorriso compreensivo. Desde então, segundo o que nos é relatado, a tradição do Budismo é transmitida em silêncio. Na realidade, o mais correto seria dizer: o que é transmitido é o Silêncio.

Os budistas têm, sim, uma Palavra sagrada, mas a ênfase está toda no Silêncio. Leva-se, deveras, um dia inteiro só para folhear suas Escrituras Sagradas, tamanho o volume. Nos mosteiros budistas, o manuseio é feito de modo ritualístico, com imensa reverência e no mínimo uma vez ao ano. Contudo, em relação a essas Escrituras, um bom budista não hesitará em declarar, "Queime-as todas!" É claro que ninguém as irá queimar. E isto também é bastante significativo. Só a mera sugestão de queimá-las expressa a profunda convicção de que as palavras não devem atrapalhar o Silêncio. Pela mesma razão, os budistas chegarão até a falar: "Se você encontrar o Buda na estrada, mate-o!" Um sacerdote católico que eu conhecia, havendo entendido a universalidade do *insight* budista, tentou explicá-lo aos seus paroquianos: "Se você encontrar o Cristo, mate-o!" Como era de se esperar, sua homilia não foi um completo sucesso, apesar de o mesmo *insight* constar, com menor destaque, no Evangelho de João. O que nós precisamos é respeitar o fato de que, na sua busca por significado, os cristãos estão tão tenazmente comprometidos com a Palavra quanto os budistas com o Silêncio.

No entanto, Palavra e Silêncio não se opõem. Nunca é demais repetir isto. Palavra e Silêncio são dois aspectos inseparáveis da religião, da procura do homem por um sentido. Este é o porquê, a despeito de toda a ênfase no Viver pela Palavra, de a Oração do Silêncio estar igualmente próxima da essência da espiritualidade cristã e conceder aos cristãos o acesso – vindo de dentro, por assim dizer – à medula do budismo. Visto havermos descoberto que, junto com Palavra e Silêncio, a Compreensão constitui outra dimensão do significado, não devemos nos espantar ao nos depararmos com um mundo inteiro de oração cristã centrado no entendimento.

Embora "Contemplação em Ação" seja o termo técnico para designá-lo, poderíamos denominá-lo, apropriadamente, Oração da Compreensão.

Na tradição bíblica, a Contemplação está exemplificada em Moisés. Ele sobe a montanha para passar 40 dias e 40 noites na presença de Deus. Ali, lhe é mostrada uma visão do Templo. Ao descer a montanha, Moisés traz consigo não somente as Tábuas da Lei – o plano que converterá o povo hebreu num templo de pedras vivas –; mas também o projeto do templo físico, o tabernáculo, que deve ser construído exatamente "de acordo com o modelo" que lhe fora revelado na montanha. Essas duas fases da contemplação são intrínsecas: a visão do modelo e a ação da construção de acordo com esse modelo.

O que distingue a Contemplação em Ação é que visão e ação sucedem simultaneamente. Um professor que ama, com generosidade, seus alunos, entende que Deus é amor simplesmente amando. A visão de Deus nos é concedida na e através da ação. De que outro modo conseguiríamos compreender, senão na prática? Reza o ditado: "Ouvi e esqueci; vi e me lembrei; fiz e entendi". Por este motivo, poderíamos denominar Contemplação em Ação de Oração da Compreensão.

"Ioga é compreensão", afirma o Swami Venkatesananda, oferecendo um *insight* profundo do que move o Hinduísmo.

Assim como judeus, cristãos e muçulmanos, na sua busca de significado, focam na Palavra e os budistas, no Silêncio, os hindus concentram-se na Compreensão. Tenha em mente o que falamos sobre a Compreensão ser um processo, por intermédio do qual o Silêncio chega à Palavra e a Palavra encontra o seu lar no Silêncio. Isto nos dá uma pista para o *insight* fundamental do Hinduísmo: Atman é Brahma – Deus manifesto (Palavra) é Deus não manifesto (Silêncio) –; e Brahma é Atman – o divino não manifesto (Silêncio) é o divino manifesto (Palavra). Saber que Palavra é Silêncio e Silêncio é Palavra – distintos, mas sem separação e inseparáveis sem, no entanto, se confundirem – é Compreensão.

A palavra sânscrita *yoga* e a inglesa *yoke*[3] derivam de uma mesma raiz linguística, cujo significado é "juntar". A ioga, em todas as suas diferentes formas – serviço, *insight,* devoção etc. –, é a ação que une Palavra e Silêncio pela Compreensão. E o Hinduísmo sabe que esta Compreensão ocorre apenas por meio do fazer. No texto sagrado, *Bhagavad Gita*, o príncipe Arjuna confronta-se com um enigma que não consegue, de maneira alguma, decifrar. O destino o havia colocado numa posição em que seu dever é travar uma batalha justa, porém cruel, contra parentes e amigos. Como pode um príncipe amante da paz entender essa situação? O deus Vishnu, disfarçado de Krisna – o cocheiro de Arjuna – lhe dá um só conselho: Cumpra o seu dever e, ao fazê-lo, você compreenderá.

---

3. *Yoke* – jugo.

Ponderemos outro exemplo. Podemos ler centenas de livros sobre a arte de nadar e, contudo, nunca entenderemos a natação a menos que nos encharquemos. Por conseguinte, podemos ler todos os livros já escritos sobre o amor de Deus e jamais compreender o amor a menos que amemos. Inúmeras pessoas praticam a Contemplação em Ação sem sequer ter conhecimento deste nome. E o que importa? Pois é amando que entendemos o amor de Deus no âmago do nosso ser. Assim como a Oração do Silêncio pode ser chamada de a dimensão budista da espiritualidade cristã, a Contemplação em Ação é a sua dimensão hindu.

Admito que tudo isto está sendo apresentado da minha perspectiva, que é cristã. Todavia, que outra opção me resta? Se tento me desconectar, totalmente, da minha própria busca religiosa de significado, é porque perdi o contato com esta mesma realidade que desejo investigar. Eu seria como aquele menininho que cobre o seu dente de açúcar, depois de o dentista o haver arrancado, para ver se dói. Não se pode entender a dor, a alegria, a vida, e tampouco viver a religião, de fora. Não há nada de errado em falar de dentro de uma tradição, desde que não consideremos a nossa perspectiva particular como absoluta, mas que a enxerguemos sob o prisma da sua relação com as demais.

Lembre-se do que falamos anteriormente, sobre as nossas experiências culminantes, os nossos vislumbres de significado e nossa exclamação espontânea: "Esta é a resposta!" A perspectiva cristã transparece na ênfase dada à primeira palavra desta pequena frase: *Esta* é a resposta! O entusiasmo pela descoberta de que "Deus fala", de que tudo é Palavra de Deus, nos leva a exclamar, continuamente, *"Esta* é a resposta!" e "esta é a resposta" sempre que somos tocados por uma outra Palavra que revele significado. Não é bem assim no Budismo. O Budismo é atingido pelo Silêncio que chega à Palavra numa profusão diversificada e exuberante de palavras. "Esta é a *resposta"*, exclama o Budismo; e esta e esta e esta, cada uma de todas essas palavras, é sempre *resposta,* é sempre o Silêncio único. Precisamos do Hinduísmo para nos lembrar de que o que realmente importa é que esta é a resposta – a Palavra é Silêncio e o Silêncio é Palavra –, aí reside a verdadeira Compreensão. As perspectivas se complementam.

Ao valorizar as outras perspectivas, aprendemos a expandir a nossa, sem perdê-la. Na realidade, é provável que o entendimento da nossa própria tradição se aprofunde através do contato com as demais. É possível que os cristãos, por exemplo, sejam capazes de perceber o mistério do Deus trino refletido no padrão Palavra, Silêncio e Compreensão. Deus, a quem Jesus chama de "Pai", também pode ser compreendido como o ventre materno do Silêncio, do qual nasce a Palavra eterna, antes de todos os séculos, pois, pela autocompreensão de Deus, o Silêncio chega à Palavra. A Palavra, o Filho, por sua vez, cumpre, obedientemente, a vontade do Pai e, ao fazê-lo, retorna a Deus por meio desta Compreensão, que é o perfeito amor, o Espírito Santo.

Lembre-se da metáfora de São Gregório de Nissa sobre a Trindade, como sendo relacional. Na verdade, desde todos os Padres da Capadócia – os grandes teólogos do século IV – até os *shakers,* no século XIX, a tradição cristã concebeu esse relacionamento interno da Trindade como uma grande Dança de Círculo. Cristo, o grande líder da dança cósmica, saltou de seu trono celestial, "quando todas as coisas estavam imersas num profundo silêncio", e, dançando, conduz toda a Criação, pelo poder do Espírito Santo, de volta para Deus.

nos leva a exclamar, continuamente, *"Esta* é a resposta!" e "esta é a resposta" sempre que somos tocados por uma outra Palavra que revele significado. Não é bem assim no Budismo. O Budismo é atingido pelo Silêncio que chega à Palavra numa profusão diversificada e exuberante de palavras. "Esta é a *resposta"*, exclama o Budismo; e esta e esta e esta, cada uma de todas essas palavras, é sempre *resposta,* é sempre o Silêncio único. Precisamos do Hinduísmo para nos lembrar de que o que realmente importa é que esta é a resposta – a Palavra é Silêncio e o Silêncio é Palavra –, aí reside a verdadeira Compreensão. As perspectivas se complementam.

Ao valorizar as outras perspectivas, aprendemos a expandir a nossa, sem perdê-la. Na realidade, é provável que o entendimento da nossa própria tradição se aprofunde através do contato com as demais. É possível que os cristãos, por exemplo, sejam capazes de perceber o mistério do Deus trino refletido no padrão Palavra, Silêncio e Compreensão. Deus, a quem Jesus chama de "Pai", também pode ser compreendido como o ventre materno do Silêncio, do qual nasce a Palavra eterna, antes de todos os séculos, pois, pela autocompreensão de Deus, o Silêncio chega à Palavra. A Palavra, o Filho, por sua vez, cumpre, obedientemente, a vontade do Pai e, ao fazê-lo, retorna a Deus por meio desta Compreensão, que é o perfeito amor, o Espírito Santo.

Lembre-se da metáfora de São Gregório de Nissa sobre a Trindade, como sendo relacional. Na verdade, desde todos os Padres da Capadócia – os grandes teólogos do século IV – até os *shakers*, no século XIX, a tradição cristã concebeu esse relacionamento interno da Trindade como uma grande Dança de Círculo. Cristo, o grande líder da dança cósmica, saltou de seu trono celestial, "quando todas as coisas estavam imersas num profundo silêncio", e, dançando, conduz toda a Criação, pelo poder do Espírito Santo, de volta para Deus.

3

O místico em todos nós

Quando as tradições religiosas falam da vida divina em nós, estão se referindo, pelo menos implicitamente, aos nossos mais elevados graus de consciência desperta, às nossas experiências místicas. Não, não devemos tentar nos esquivar desta ideia. Somos todos místicos.

Gratidão, a alma da oração

O monge que habita em nós é estreitamente ligado à criança que existe em nós ou, se você quiser, ao místico em nós – pois somos todos destinados a ser místicos. Prestamos um enorme desserviço aos místicos colocando-os num pedestal e os considerando um tipo especial de ser humano. A verdade é que cada ser humano é um tipo especial de místico, o que nos impõe, a cada um de nós, um desafio formidável: tornarmo-nos, justamente, quem somos destinados a ser. Refiro-me, aqui, ao misticismo no sentido estrito da experiência de comunhão com a Realidade Suprema. Sem a menor sombra de dúvida, todos nós somos chamados a vivenciar tal comunhão. E não há ninguém, e nunca houve ninguém, e jamais haverá alguém, que possa experimentar a Realidade Suprema da mesma maneira que você a experimenta. Por conseguinte, você é chamado a ser aquele tipo especial de místico que só você pode ser.

Quando afirmo que isto está relacionado com a criança existente em nós, é porque pulsa, na criança, o anseio de encontrar um sentido, uma abertura ao significado que propendem a se perder, ou, no mínimo, ficarem obscurecidos pela nossa preocupação com o propósito. Devo esclarecer, desde já, que quando uso estes dois termos – propósito e significado –, não estou, de forma alguma, jogando um contra o outro. Entretanto, neste nosso tempo e cultura, preocupamo-nos tão em demasia com propósito que precisamos, sim, recuar e enfatizar, particularmente, a dimensão do significado; caso contrário, acabaremos dissonantes. Portanto, se você se deparar com uma ênfase singular na significação, é somente para restaurar o equilíbrio.

Decerto vigora na criança uma enorme curiosidade sobre como tudo funciona e um tremendo impulso direcionado ao propósito, sendo este o único ímpeto que tendemos a desenvolver. Hoje, a situação típica em que costumamos ver uma criança em público é sendo quase arrastada pelo braço comprido de um adulto que repete, sem cessar: "Vamos, ande! Não temos o dia inteiro! Temos que ir para casa – ou para qualquer outro lugar. Não fique aí parada. Faça alguma coisa. Mexa-se". Este é o xis da questão. Porém, outras culturas – diversas tribos indígenas norte-americanas, por exemplo – tinham uma concepção de educação totalmente diferente: "Uma criança bem-educada deve ser capaz de sentar-se e olhar quando não há nada para ver", ou, "Uma criança bem-educada deve ser capaz de sentar-se e escutar quando não há nada para ouvir." Esta é uma postura bem diferente da nossa, mas bastante propícia às crianças porque é, exatamente, o que elas almejam: apenas que as deixemos em paz, absorvidas, por completo, em seja lá o que estiverem olhando, escutando, lambendo, comendo, ou brincando de que jeito for. E é claro que destruímos esta sua capacidade para a abertura desde a mais tenra idade. Ao obrigá-las a executarem certas ações e insistir para que controlem os acontecimentos à sua volta, nós as direcionamos, muito exclusivamente, para o nível do propósito.

Talvez eu deva me alongar um pouco mais sobre propósito e significado e o modo como emprego ambos os termos. Todavia, não tenciono impor minhas definições. Prefiro convidar você a refletir sobre uma conjuntura em que lhe cabe realizar um determinado propósito, observar quais são as dinâmicas internas e então comparar o que sucede com uma situação em que algo se imbui de significado para você.

A fim de realizar um propósito estipulado, o principal é se assenhorear da situação. Se você não tem noção do que está transcorrendo, competirá a alguém lhe explicar, por assim dizer, o cenário, para que você saiba quais atitudes adotar. Logo, é necessário tomar as rédeas, lidar com a questão, enfrentar a os fatos, conservar as coisas sob controle – caso contrário, você nunca terá certeza de que conseguirá cumprir o seu propósito. Tudo isto é importante para atuar em circunstâncias em que um propósito específico deve ser concretizado.

Pense, agora, numa situação em que algo se reveste de significação. O que existe ali para ser agarrado, alcançado? O que existe para ser mantido sob controle? Não, não se trata disso. Você se descobrirá valendo-se de expressões que evidenciam a sua total passividade, ou, pelo menos, que o exponham como mais passivo do que o habitual. "Responsivo" é, efetivamente, a palavra apropriada. A realidade é que, nesta conjuntura, você é mais passivo do que se num contexto de cumprimento de um propósito. "Isto mexeu mesmo comigo", você dirá. Já não é você quem controla o evento, que o domina e o manipula; pelo contrário, é a experiência que provoca algo em seu íntimo. "Isto realmente me tocou", você reconhecerá e, se o vivenciado foi intenso, admitirá: "Atingiu-me em cheio!" "Tirou-me o fôlego!" É o que ocorre quando alguma coisa ganha significado. Então, o que verdadeiramente acontece, é que você se entrega e, naquele instante, o que quer que tenha havido se revela significativo. Volto a enfatizar: esta não é uma proposição do gênero "ou isto ou aquilo". Propósito e significado têm que andar juntos. Contudo, é evidente que, para encontrar significado em nossas atividades dotadas de um objetivo e um propósito, necessitamos aprender a nos entregar ao que estamos fazendo. E este é, caracteristicamente, o comportamento da criança.

Permita-me, agora, aprofundar o que Abraham Maslow denominou "experiências culminantes", aqueles momentos em que o significado se desvela para nós – e o sabemos. Estender-me um pouco mais sobre este tópico requer, mais uma vez, que eu não discorra sobre alguma coisa desconectada da sua experiência pessoal, sobretudo por ser a experiência culminante, em seu conteúdo e substância, tão evasiva. Para sermos realmente capazes de desenvolver a fundo este tema, teríamos que iniciar a conversa com uma sessão de poesias, músicas, ou similares.

"Experiência culminante" é uma expressão muitíssimo bem escolhida que sugere, em primeiro lugar, uma ocorrência um tanto acima da sua experiência costumeira. É um momento em que sua percepção se acha, de alguma maneira, mais elevada, ou pelo menos mais aguçada, do que de hábito. É um momento que, embora possa se prolongar um bocado – por até uma hora ou mais –, nos parece haver durado meros instantes. É algo sempre vivenciado como um marco no tempo, assim como o cume de uma montanha é sempre um marco. Não importa se o tal cume é alto ou baixo; o incontestável é que é o ápice.

Então você olha para o seu dia, para a sua vida, ou para qualquer outro período de tempo e, ao notar esses pontos culminantes se projetando, percebe que são marcos de uma experiência transcendente, marcos de uma experiência de visão, de *insight,* se preferir. Isto também é importante para o conceito de culminância. Quando no topo de um pico, no cume, a sua visão é abrangente. É possível olhar tudo ao redor. Enquanto ainda subindo, parte da visão, parte do horizonte, permanecem ocultos pelo próprio pico que você está escalando. Não obstante, uma vez no cimo, você tem um *insight* do significado; há um ponto em que o significado verdadeiramente o toca. Este é o tipo de *insight* sobre o qual estamos falando. Não é uma questão de se deparar com uma solução concreta para um pacote de problemas reais; é simplesmente um momento de percepção ilimitada. Você não está estabelecendo quaisquer limites para o seu *insight.*

Pense num momento como este vivido por você o torne palpável, específico. Generalidades de nada nos ajudarão agora. Não precisa ser uma culminância gigantesca – estas são muito raras na nossa vida. Afinal, se um formigueiro também é um pico, qualquer coisa dotada de um topo servirá ao intuito da nossa reflexão.

Assim sendo, procure lembrar-se, de forma bastante precisa, de uma experiência em que algo atingiu você profundamente, uma experiência em que sua consciência tenha sido, de algum modo, elevada acima do nível habitual. Pausarei por alguns minutos para também me recordar de alguma ocasião semelhante vivida por mim. Em seguida, faremos uma breve análise da estrutura dessas experiências. E se essas experiências são, como as considero, o epítome da experiência mística, então, mesmo nas nossas experiências culminantes pequeninas, será encontrada a estrutura padrão da vida monástica, conforme irei demonstrar. Esforce-se, agora, para se concentrar naquela sua experiência culminante.

Sim, o conteúdo dessas experiências é muito evasivo. Você poderia até dizer, "Caramba, não aconteceu realmente nada!" De fato, este é um profundo *insight,* porque permitir que nada realmente aconteça é a maior das experiências místicas. Porém, ao ponderar o sucedido, você se surpreenderá recorrendo a frases como: "Ah, simplesmente me senti transportado. Viajei quando ouvi essa música", ou "Perdi a noção de tudo ao redor olhando aquele maçarico e o vai e vem das ondas. Quando as ondas vêm, o maçarico corre delas, quando as ondas vão, ele corre atrás delas". Depois de alguns minutos absorto numa experiência como esta, você já não terá mais tanta certeza se são as ondas que estão perseguindo o pássaro, ou se é o pássaro que persegue as ondas, ou se há quem persiga o quê. Mas algo aconteceu ali e você realmente sentiu-se enlevado, transportado.

PARADOXOS EXISTENTES EM QUALQUER EXPERIÊNCIA MÍSTICA

1- Sou arrebatado e, no entanto, permaneço onde estou. Perdi-me de mim e encontrei, verdadeiramente, a mim mesmo.

Então, de uma maneira estranha e paradoxal – e isto é, exatamente, o que pretendemos, visto estarmos buscando identificar os paradoxos que devem, necessariamente, integrar quaisquer experiências místicas –, você se dá conta de que também escolheria palavras similares para descrever uma experiência na qual, ao se perder de si mesmo, você se descobre sendo, enfim, verdadeiramente você mesmo. "Naquele momento, mais do que nunca, fui, de fato, eu mesmo. Simplesmente me senti transportado." Estas são palavras poéticas. Há certas coisas na vida que não podem ser expressas de nenhuma outra maneira senão poeticamente; a poesia também faz parte da nossa linguagem cotidiana. E eis que, outra vez, você se depara com o paradoxo, porque, em relação a essa mesma experiência em que "se sentiu transportado"..., é possível que também tenha pensado: "Eu estava mais verdadeiramente presente naquele momento do que em qualquer outro."

Como a maioria de nós, na maioria das vezes, eu diria que não estou, genuína e totalmente presente, num dado momento. Pelo contrário. Em geral, 49% de mim está à frente de mim mesmo, antecipando o que está por vir, e 49% de mim continua agarrado ao que já passou. Quase não resta nada de mim para estar inserido, plenamente, no momento presente. De repente surge algo, que é praticamente um nada, como aquele pássaro brincando nas ondas, ou a chuva batendo no telhado, que me arrebata e, por uma fração de segundo, estou realmente presente onde estou. Sou transportado e permaneço onde estou. Perdi-me de mim e encontrei, verdadeiramente, a mim mesmo.

2- Quando estou realmente sozinho, sou um com todos.

Continuemos com outro paradoxo. Suponho que muitos de vocês tenham escolhido uma experiência culminante em que se encontravam a sós – no quarto, caminhando na praia, percorrendo uma trilha, no alto de uma montanha.

Numa dessas experiências, você constata que, a despeito de sozinho – e, paradoxalmente, não tanto porque estava só, mas justamente porque estava realmente a sós –, você se achava unido a tudo e a todos. Sem ninguém por perto com quem se conectar, você se sentiu unido às árvores, caso as houvesse nos arredores; ou à rocha, às nuvens, à água, às estrelas, ao vento, ou seja lá ao que fosse. Era como se o seu coração estivesse expandindo-se, como se o seu ser estivesse alargando-se para abraçar tudo, era como se as barreiras tivessem, de alguma forma, sido derrubadas ou dissolvidas, e você fosse um com tudo. Se você fizer um retrospecto do acontecido, perceberá não haver sentido falta de nenhum de seus amigos quando no auge da sua experiência culminante. Talvez, segundos depois, você até exclamará: "Puxa, como eu gostaria que fulano estivesse aqui para contemplar este pôr do sol maravilhoso, para ver isto, para ouvir esta música". Todavia, quando no pico da sua experiência culminante, você não estava sentindo falta de ninguém, e não é porque seus amigos tivessem sido esquecidos. Eles estavam ali presentes, ou você, transportado para onde seus amigos se encontravam. Por estar unido a todos, não existia razão para sentir falta de alguém. Você alcançara aquele centro – sobre o qual a tradição religiosa às vezes fala – para onde tudo e todos convergem.

Sim, é contraditório afirmar que, quando estou realmente sozinho, sou um com todos. Podemos inverter a premissa. É provável que alguns de vocês tenham vivido uma experiência culminante marcada pela impressão de estarem unidos a um grande número de pessoas. Talvez houvesse sido durante uma celebração litúrgica, ou uma marcha pela paz, passeata, concerto, peça teatral – parte da sua imensa alegria, naquele aglomerado, brotava da percepção de que não apenas todos ali eram um só coração e uma só alma, como todos experimentavam esta mesma sensação. A propósito, isto pode não ser objetivamente verdadeiro. Embora possa ter sido o único a estar, realmente, nesta sintonia, você vivenciou o momento como se todos partilhassem da mesma sensação. Todavia, até nesta situação, é possível inverter o paradoxo. Quando você, mais do que nunca, é um com todos, você está realmente só. Você se sente em evidência, como se, por exemplo, aquele determinado comentário do palestrante, – caso a sensação de unidade tenha sido experimentada durante uma palestra – lhe fosse dirigido tão particularmente, que você, quase enrubescendo, chega a se indagar: "Por que o palestrante está falando de mim? Por que está me pondo em evidência?" Ou então, "Este trecho desta sinfonia foi composto especialmente para mim, está sendo tocado só para mim, e a performance da orquestra, estupenda e arrebatadora, é toda para mim, aqui e agora." Você foi separado da massa e está perfeitamente a sós. Não obstante, descobrimos não haver contradição alguma nesta situação. Quando você está realmente sozinho, você é um com todos – até a palavra *sozinho*[4], de alguma maneira, alude a isto. Talvez seja apenas um dispositivo mnemônico para nos lembrar de

---

4. Há, aqui, um trocadilho. *Alone* significa "sozinho". A etimologia nos ensina que, no inglês arcaico, grafava-se *allone* – uma junção de dois vocábulos, *all* (todos) e *one* (um).

tal peculiaridade, porém, é provável que haja muito mais por trás deste vocábulo – todos um só, um com todos, verdadeiramente sozinho.

3- *Para encontrar a resposta, você tem que abandonar a pergunta.*

Eu gostaria de formular um terceiro paradoxo – em alguns aspectos, o mais importante – e verificar se este corresponde à sua própria vivência. Quando a experiência culminante atinge você, ou o enleva, ou provoca o que quer que seja, num átimo e num lampejo, tudo faz sentido. Isto é bastante diferente da maneira usual de pensar, segundo a qual é necessário muito esforço para encontrar a resposta de um determinado problema para que tudo, enfim, talvez venha a fazer sentido. Nós acreditamos que teremos a resposta para o tal problema, mas, no momento em que a temos, problemas diversos emergem. Então pensamos, *o.k.*, vamos destrinchar este problema até o fim. Nós nos imaginamos capazes de ir de uma pergunta a outra, novas perguntas surgindo após cada nova resposta, que, por sua vez, suscita outra pergunta até, por fim, chegarmos à derradeira resposta. Porém, o que por fim acontece é que esta cadeia é, na realidade, um círculo vicioso e vamos dando voltas e mais voltas; a última resposta levando à primeira pergunta e assim sucessivamente.

Na sua experiência culminante, de alguma maneira, intuitivamente, você se dá conta de que para encontrar a resposta, é preciso abandonar a pergunta. Alguma coisa o atinge em cheio e, por uma fração de segundo, você abandona a pergunta e, no instante em que se desapega da pergunta, a resposta irrompe. Fica-lhe a impressão de que, talvez, a resposta sempre estivera procurando chegar até você e a razão de tal não haver ocorrido antes é porque você andava ocupado demais elaborando perguntas.

Por que deveria ser assim? Por que isto deveria ocorrer na nossa experiência culminante? Parece existir uma desproporção grotesca entre causa e efeito. Afinal, se eu não estava fazendo nada além de olhar um pássaro na praia, perseguindo e fugindo das ondas; se eu não estava fazendo nada além de ficar acordado na cama, ouvindo o tamborilar da chuva no telhado; por que, de súbito, tudo faria sentido?

Existe outro modo de abordar a situação. Se você realmente se empenhar na análise desta experiência, irá constatar que alguma coisa o instiga a dizer sim. Você avista o maçarico na praia e algo em você diz um sim sincero; ou, ao escutar o barulho da chuva, todo o seu ser a acolhe com um sim. Este é um tipo especial de sim; é um sim incondicional.

E no momento em que é articulado um sim incondicional a qualquer parte da realidade, você, implicitamente, diz sim a tudo. Já não é um sim a alguma coisa específica, mas a tudo que, de outra forma, você acabaria compartimentando em bom e ruim, preto e branco, altos e baixos. Você não está estabelecendo distinções; apenas diz sim e, de repente, tudo incorre num padrão e você diz sim a todo o padrão.

O terceiro paradoxo está na raiz do que chamamos obediência. Em relação à obediência, o que primeiro nos vem à cabeça é que temos que fazer o que alguém nos manda fazer.

Este, além de um meio ascético consagrado pelo tempo, é bastante útil para atingir um fim. Entretanto, ficar preso a ele seria totalmente errado e cabalmente infrutífero. Se for só uma questão de substituir minha obstinação pela obstinação alheia, prefiro agarrar-me à minha própria, pois me é mais conveniente. O verdadeiro objetivo é superarmos, realmente, a obstinação, porque se trata do único entrave entre nós e a escuta.

Todo o nosso questionamento, toda a nossa procura frenética por soluções, é apenas uma expressão da nossa diminuta obstinação perante a totalidade. No momento em que abandono essa busca, em que desisto, o todo se revela e se entrega a mim. Já não estou tão decidido a agarrar, a me apossar, a me aferrar a coisa alguma quando me rendo.

Obediência significa, literalmente, escutar com atenção. Em latim, *ob audire*, "obedecer", significa escutar atentamente ou, conforme nos ensina a tradição judaica, "abrir os ouvidos". É necessário que os bloqueios dos ouvidos sejam removidos para que você possa, de fato, escutar atentamente. A isto se denomina obediência no Antigo Testamento. De muitas, muitas maneiras, em muitos, muitos idiomas, o vocábulo para obediência é uma forma intensificada da palavra escuta – *horchen, ge-horchen; audire, ob-audire,* etc.

Dito de outro modo, a obediência – fazer o que alguém lhe diz para fazer – pode ser usada como um meio ascético para superar aquela obstinação que sempre nos leva a nos prendermos às nossas próprias ideias e aos nossos projetinhos pessoais. É um meio de nos desapegarmos de tudo isso e olharmos para o todo, e louvarmos o todo, conforme nos instiga Santo Agostinho. Todavia, o fator decisivo é aprender a escutar porque, muitas vezes, fazer a vontade alheia pode se converter num obstáculo ao aprendizado da escuta; você acaba transformando-se num reles marionete. Isto é muito importante no contexto de encontrar significação, o contexto em que percebemos a experiência mística. Quando você considera algo destituído de significado, está rotulando-o de absurdo. Entretanto, ao usar o termo "absurdo", você se trai – visto ser *absurdus* o oposto exato de *ob-audiens*. *Absurdus* significa "completamente surdo". Portanto, ao afirmar que alguma coisa é absurda, você está, de fato, proclamando: "Tenho ouvidos completamente moucos para o que isto vai me dizer. O todo está falando comigo e estou completamente surdo ". Mas não há nada lá fora que seja ensurdecido. Você não pode atribuir surdez à fonte do som. Você está surdo. Você não pode escutar. Assim, a única alternativa que todos nós temos, independentemente do nosso estilo de vida, é substituir uma atitude absurda por uma obediente. E leva-se uma vida inteira para avançar um pouquinho nesta questão.

Resumindo: a vida é muito mais do que apenas fenômenos. Existe toda uma dimensão da vida a qual precisamos escutar com todo o nosso coração, atentamente, por assim dizer. A atenção plena é indispensável para encontrarmos significado – e o intelecto não é a mente na sua totalidade. O intelecto – esclareço-o desde já – é uma parte extremamente importante da mente, mas não é toda a mente. Quando me refiro a "mente" é mais no sentido do que a Bíblia, e muitas tradições religiosas, chamam de "coração". Conforme vimos anteriormente, o coração é a pessoa inteira, e não somente a sede das nossas emoções. O tipo de coração a que nos aludimos aqui é o coração do amante, que afirma: "Eu lhe darei o meu coração". Isto não implica que lhe dou parte de mim, e sim que me entrego por inteiro a você. Por conseguinte, quando falamos sobre entrega de corpo e alma, sobre uma abordagem à vida destituída de reservas, sobre atenção plena, é porque é apenas por meio desta atitude que nos rendemos ao significado.

Um termo técnico normalmente usado na tradição católica, e adequado ao que estamos abordando aqui, é *recolhimento* – estar recolhido, viver recolhido. O sentido é o mesmo de atenção plena, corpo e alma, abertura ao significado. "Recolhimento é concentração sem eliminação" – disse T. S. Eliot. Eis aí um paradoxo porque, em geral, concentração limita. Porém, se você conseguir concentrar-se sem eliminar nada, se conseguir combinar a atitude de focar em algo e, no entanto, permanecer totalmente aberto, sem horizontes delimitados, então você terá atingido o recolhimento. Então terá alcançado o estado que toda vida monástica, de quaisquer tradições religiosas, almeja – uma vida recolhida, uma vida consciente, uma vida de reflexão.

Thoreau, ao partir para o lago Walden, escreveu: "Fui para a floresta para viver uma vida reflexiva." Neste sentido, viver em recolhimento. Existem inúmeras formas de monasticismo que não são catalogadas, ou reconhecidas como tal, e que talvez sejam muito mais importantes do que outras mais reputadas. O elemento determinante, pelo qual você irá reconhecer a vida monástica, é se esta for uma vida consciente, de recolhimento e vivida de corpo e alma. É por meio desta entrega sem reservas que o significado flui em nossas vidas. Dito em outras palavras,, ainda que engajados no propósito, nós nos conservamos abertos o suficiente para que o significado aflua em nossas vidas. Não ficamos empacados no propósito.

Talvez possamos entender isto melhor se considerarmos que trabalho, na sua acepção mais restrita, está intimamente relacionado ao propósito. Trabalho é aquele tipo de atividade que visa a um propósito específico e, realizado este propósito específico, o trabalho, enquanto labuta, cessa. Ao contrário da diversão. Diversão não visa a nenhum propósito em particular. Diversão tem significado em si mesma; diversão é o desabrochar do significado. Você trabalha até cumprir o seu propósito. Você varre o chão até que esteja limpo. Mas você não canta para que uma música seja cantada – você canta para cantar. E você não dança, conforme Alan Watts salientou, para chegar a algum lugar; você dança para dançar. Tudo isto tem significado em si mesmo.

Nós nos inclinamos a pensar que o oposto de trabalho é lazer. Lazer não é o oposto de trabalho; diversão é o oposto de trabalho, caso você queira estabelecer uma polaridade. E o lazer é, exatamente, a ponte entre os dois. Lazer é, precisamente, fazer o seu trabalho com uma atitude lúdica. Isto significa colocar em seu trabalho aquilo que é o mais importante em relação ao lúdico, ou seja, você o desfruta como um fim em si mesmo, e não apenas para cumprir um propósito específico. Logo, é necessário dar-lhe tempo. Lazer não é um privilégio de quem tem tempo para o lazer. Lazer é uma virtude. A virtude de quem dá tempo a tudo o que requer tempo, e na medida necessária. E assim trabalha sem pressa, encontra sentido no seu trabalho e se torna plenamente vivo. Se temos uma mentalidade de trabalho rígida, estamos vivos somente pela metade. Somos como aquelas pessoas que só inspiram, e sufocam. Aliás, não faz diferença se você só inspira ou só expira; pois, de um jeito ou de outro, acabará sufocado. Este é um indicador muito bom de que não estamos jogando trabalho contra diversão, ou propósito contra significado. Os dois têm que andar juntos. Precisamos inspirar e expirar para nos mantermos vivos. De fato, é isto o que todos nós buscamos, e é disto que todas as religiões devem tratar – vitalidade.

4

Vivo de corpo, mente e espírito

Às vezes as pessoas têm a noção equivocada de que a espiritualidade é uma área separada da vida, como se fosse o pináculo da existência. Mas, bem compreendida, a espiritualidade é uma consciência vital que permeia todos os âmbitos do nosso ser... Onde quer que despertemos para a vida, esta é a esfera em que somos espirituais... Estar cheio de vida, desperto, consciente, em todos os campos da nossa vida é uma tarefa nunca completada, porém este objetivo permanece. Como todos nós sabemos como é se sentir cheio de vida em pelo menos uma área, temos alguma ideia de como deve ser arder em todas elas no fogo do Espírito Santo.

Music of Silence

A primeira pergunta que devemos nos fazer é a seguinte: o que entendemos por *espiritual*? Esta é a pergunta decisiva. São três os termos com os quais lidamos: corpo, mente e espírito. Todos os três são mais problemáticos do que imaginamos quando começamos a pensar a respeito.

Quando alguém indaga, "Onde está seu corpo?", podemos apontá-lo. Desde pequenino você aprendeu, para o deleite de sua mãe, a tocar o nariz quando lhe perguntavam, "Onde está seu nariz?", depois as orelhas, etc. Fomos treinados para saber onde nosso corpo está; não fomos treinados o suficiente para perceber que o nosso corpo não termina com o revestimento da pele.

Conclusão, o corpo, em geral, não constitui um grande problema. A mente já é um pouco mais controversa, embora não em demasia, visto que, no linguajar cotidiano, simplesmente juntamos tudo o que não é corpo e o consideramos mente. Logo, é razoavelmente descomplicado: se não é corpo, deve ser mente.

Todavia, quando se trata de espírito, viceja todo tipo de ideias por aí afora e precisamos ser muito cuidadosos. No caso de palavras como esta, um enfoque seguro costuma ser voltar às raízes do próprio vocábulo. *Espírito* significa "sopro vital" em latim, grego e hebraico. Até onde nos é possível remontar, ao abordarmos questões espirituais, costumamos empregar um termo que, na linguagem coloquial, significa "sopro vital".

Isto nos ajuda a ter clareza, porque quando, uso as palavras "espiritualidade" e "espírito", é no sentido de "vitalidade". Na nossa percepção, vitalidade e vida são uma coisa só – é através da vitalidade que nos damos conta de que estamos respirando, de que nosso corpo está funcionando.

No entanto, trata-se de um conceito que vai além. Esta vitalidade tem graus. Você não conhece pessoas que lhe parecem mais cheias de vida do que outras? Fulano é mesmo cheio de vida, comentamos. Pois bem, isto significa que a frequência cardíaca de fulano é mais elevada, ou seu pulso mais acelerado? Talvez sim, talvez não. É sobre algo mais que estamos falando aqui. E que também é vitalidade.

Mas que espécie de vitalidade é esta? Sobre o que estamos falando? O curioso é que, cedo ou tarde, chegamos à expressão *atenção plena.* Este termo tem sido adotado em muitas tradições espirituais e note você que, apesar de estarmos nos referindo, mais uma vez, à mente, ainda não estamos falando da mente em sua plenitude. Portanto, é a este estado de vitalidade que aludimos aqui. Contudo, corremos o risco imediato de ser pegos numa armadilha. Sob este prisma, a mente será espiritual e o corpo, não espiritual. Muita gente cai nesta cilada, e é uma cilada bastante perigosa porque, agregado à atenção plena – isto é, a esta vitalidade –, há um elemento para o qual não temos nenhuma palavra e que poderíamos, quem sabe, denominar "encorpação". Apesar de este vocábulo parecer remeter ao antônimo de emaciação – o que de pouco nos serve –, o que estou procurando traduzir com "encorpação" é um estado de enraizamento total e profundo em nosso próprio corpo.

Pense nas pessoas realmente atentas. Elas estão enraizadas em seus corpos. Estão vivas em seus corpos. E é revelador que não tenhamos uma palavra para designar tal condição, que a qualifiquemos meramente de atenta. Isto é indício de que há alguma coisa faltando; quando falta um vocábulo num idioma, é porque falta algum *insight* – o *insight* de que vitalidade plena engloba atenção plena e encorpação. E é sobre vitalidade plena que estamos falando.

Pense num momento em que você se sentiu mais cheio de vida, um momento de atenção plena, de estar, verdadeiramente, arraigado em seu corpo, um momento em que você esteve em profunda conexão com a realidade. Estes são os graus em que estamos vivos e somos espirituais neste mundo, os graus de conexão com a realidade.

T. S. Eliot escreveu, "A humanidade não consegue suportar muita realidade". Porém podemos suportar a realidade em graus variados e aqueles mais cheios de vida dentre nós conseguem suportar uma gama maior da realidade. E o que desejamos é virmos a ser capazes de estar conectados à realidade, à toda realidade, e não termos que bloquear alguns de seus aspectos.

Quanto mais plena nossa atenção, quanto mais cheios de vida nos tornamos, mais constatamos como a linguagem é inadequada. Então, se queremos falar sobre plenitude, precisamos promover o enlevo da linguagem. E o que é linguagem enlevada? É a poesia que possibilita o enlevamento da linguagem e, por esta razão, eu gostaria de compartilhar um poema de William Butler Yeats que aborda um desses momentos transcendentais e coloca a experiência religiosa num contexto inesperado.

Quase todos nós vivenciamos experiências religiosas verdadeiras quando e onde menos esperamos; e, em ambientes onde supomos que irão ocorrer, não raro acabamos desapontados.

Vacilação – estrofe IV – é um poema autobiográfico e o narrado sucede quando Yeats está num café, em Londres. Assim é descrita sua experiência:

> Meu quinquagésimo aniversário havia vindo e ido,
> Sentei-me, um homem solitário,
> Num café lotado em Londres,
> Um livro aberto e uma xícara vazia
> sobre o tampo da mesa de mármore.
> Enquanto no café e na rua, olhei demoradamente ao redor
> Meu corpo, de repente, ardia;
> E durante mais ou menos vinte minutos
> parecia tão grande a minha felicidade,
> que fui abençoado e pude abençoar..

O que acontece? Yeats não fala coisa nenhuma sobre sua mente ou pensamentos; o provável é que não tenha pensado em nada naquele instante. Seu corpo ardia, consumido pela vibrante vitalidade da atenção plena, que é muito mais do que meros pensamentos. Seu corpo ardia! Todos nós já experimentamos isto, ou uma sensação similar. Diz o poeta: "*Parecia tão grande a minha felicidade, que fui abençoado e pude abençoar*". Yeats recebe algo a que se refere como bênção – significativamente, um termo religioso – e a passa adiante. Algo flui através dele; e é o espírito que flui.

T. S. Eliot, em *Os Quatro Quartetos*, também aborda uma experiência culminante: "*Música ouvida tão profunda-*

mente que não é ouvida de forma alguma, mas você é a música enquanto a música dura". Isto significa que você vibra com aquela música e, embora possa até acreditar-se escutando a melodia da flauta ou do piano, é ao som da música do universo que você pulsa. Ao som da música que embala toda essa dança cósmica, que flui através de você – e este é o seu momento religioso. E, neste momento, você sabe que é um com todos. Você é a música enquanto a música dura; simples assim.

E esta é, agora, a expressão de uma profunda pertença. Por conseguinte, enquanto estiver rastreando suas experiências culminantes, ou experiências religiosas, enquanto estiver vasculhando sua memória, esqueça tudo aquilo que lhe veio à mente e só serviu para desviá-lo do rumo – ruminações do tipo, "meu corpo nunca ardeu", ou, "não gosto de música", e todo o resto. A única coisa da qual você não pode prescindir é se perguntar: "Onde estava eu quando, por uma fração de segundo, a sensação de pertencimento me invadiu e senti, até a medula dos ossos, que era um com todos e todos um comigo?"

Este é o cerne da questão, e a maneira de reconhecer uma experiência culminante. De fato, é a maneira cabal, porque não está limitada por pensamentos, sentimentos, ou qualquer outra espécie de entendimento. E isto é senso comum – senso comum no sentido mais profundo do termo. É um conhecimento tão intrínseco que se acha entranhado em nossos sentidos e não há fronteiras para a sua unissonância. Tudo está integrado: através do seu próprio arrebatamento, você conhece o arrebatamento de tudo o que existe no mundo pois, naquele momento abençoado, você alcançou o coração do mundo – o conhecimento espiritual –, se quiser, o conhecimento comum. A palavra *espírito* tem sido tão mal empregada, que eu ficaria perfeitamente feliz em abandoná-la por completo, declarar uma moratória, e usar sempre o termo *senso comum*. Na linguagem contemporânea, este termo exprime muito melhor a ideia de comunhão. Faz sentido; está conectado ao nosso corpo através dos sentidos; é comum a todos nós, ilimitadamente comum.

O senso comum é a base para a realização, para a ação. No senso comum, ação e pensamento estão estreitamente vinculados. Portanto, o senso comum é mais do que pensar. É aquela vitalidade vibrante com o mundo, no mundo, para o mundo e para o nosso meio ambiente. Por ser um conhecimento através da pertença, é o fundamento da conduta porque agir no espírito é agir como as pessoas agem quando interligadas. Estamos todos interconectados neste "lar terrestre", nas belas palavras de Gary Snyder, e viver uma vida espiritual significa agir como age quem está na própria casa, no seio da própria família.

Toda moralidade jamais desenvolvida, em qualquer uma das tradições religiosas do mundo, pode ser reduzida ao princípio de agir como agimos em relação aos que integram o nosso círculo. As diferenças entre os códigos de moralidade são apenas os limites que traçamos para a pertença: "Há aqueles com quem devemos ter uma conduta moral e os outros são 'os outros', os de fora." E, quando você vive norteado, realmente, pelo senso comum, as limitações inexistem; você vivencia uma moralidade que inclui todos e, por conseguinte, comporta-se com todos como alguém se comporta quando está no lugar a que pertence. Isto é o que Jesus quis dizer quando falou "o reino de Deus" – e qualquer outra expressão deste gênero, de quaisquer tradições religiosas, se encaixará aqui.

O senso comum, entendido do modo certo, possui autoridade. A questão da autoridade é de extrema importância neste contexto de religião e espiritualidade, entretanto, trata-se de uma palavra que precisa ser compreendida corretamente porque, nesta nossa era, costuma ser mal interpretada. Até quando procuramos "autoridade" no dicionário, em geral, o primeiro significado listado é algo como: "direito ou poder de dar ordens". Este não é o seu significado original. O significado original de "autoridade" é "uma base sólida para conhecimento e ação". Nós a usamos neste sentido também. Se desejamos nos informar sobre a nossa saúde, vamos ao médico, uma autoridade nesta área. Se queremos fazer alguma pesquisa, cercamo-nos de livros que abordem o assunto que nos interessa com autoridade. Buscamos uma base sólida para conhecer e agir.

Agora você pode entender como chegamos à acepção "direito ou poder de dar ordens", em particular se a reduzirmos a uma escala sociológica menor, a uma pequena comunidade, como uma família, tribo ou aldeia. É provável haver uma pessoa que, reiteradamente, prove ser uma base sólida para conhecimento e ação. Você recorre àquela senhora de idade avançada para saber como curar suas feridas – ou se deve ou não guerrear com outra aldeia –, e a anciã sempre retruca com uma resposta certeira. Então, porque determinado indivíduo demonstra ter uma base sólida para conhecimento e ação, você o eleva a uma posição de autoridade e lhe confere o poder de dar ordens. Este foi o processo e é assim que podemos entender como nossas autoridades foram alçadas ao poder.

Porém, no momento em que uma pessoa é investida de autoridade, ela, habitualmente, não gosta de abrir mão do poder, mesmo que já não seja uma base para conhecimento e ação. É como acabamos brindados com autoridades autoritárias. A autoridade autêntica, genuína, é tão sólida, que quem se encontra nesta posição pode arcar com a atribuição de edificar os outros; na realidade, esta é a única serventia apropriada para a autoridade, edificar aqueles sob sua autoridade. As autoridades autoritárias, por serem destituídas desta base, têm que manter todo mundo abaixo de si a fim de se sustentarem no topo, e isto é o que nos permite identificá-las. Este é o teste decisivo para a distinção entre as autoridades autoritárias e as genuínas: as que contribuem para a sua edificação, são verdadeiras; as que aviltam você são autoritárias. É muito simples.

Se retornamos, efetivamente, ao que Jesus Cristo pôs em movimento, e que ainda repercute no mundo, veremos que se trata de uma crise de autoridade. Jesus não era o tipo de profeta que anunciava: "Falo em nome da mais alta autoridade, e é com autoridade que venho a você". Ele sempre invocava a autoridade de Deus presente no coração de seus ouvintes e foi assim que os edificou. Por este motivo aqueles que o escutavam comentavam: "Este homem fala com autoridade, não como as nossas autoridades". E isto pôs Jesus numa situação difícil. Tanto as autoridades religiosas quanto as políticas tiveram que reprimi-lo porque qualquer um que leve os outros a pensarem por conta própria é um elemento perigoso para os autoritários. O resultado é que o tiraram do caminho. Todavia, aquele tipo de espírito, por ser o espírito supremo, não poderia ser morto e ainda vive hoje.

Eu gostaria de abordar mais uma questão: se a nossa vitalidade está enraizada no corpo, o que acontece quando morremos? Aliás, não precisamos esperar até morrermos: o que acontece quando ficamos decrépitos? Isto é, de fato, o que a maioria de nós teme muito mais do que a morte. É provável que morrer seja relativamente fácil; pelo menos todo mundo tem conseguido, de um jeito ou de outro. Não obstante, viver com esta decrepitude, quando corpo e mente começam a cair aos pedaços, conforme diz T. S. Eliot, deve ser mesmo terrível. O que fazemos então?

Bem, estou agora numa idade em que é necessário passar a lidar com essas coisas. Posso apenas lhe oferecer algumas ideias que utilizo para o meu encorajamento pessoal. Indago-me, por exemplo: não conheço gente muito velha, fisicamente bastante debilitada e que, no entanto, está muito mais viva do que eu jamais poderia esperar vir a me sentir? Num certo aspecto, a vitalidade dessa gente não depende mais do corpo.

Na natureza, inclusive, temos a imagem do fruto: o botão e a flor são extremamente dependentes da árvore enquanto crescem. Contudo, chega um ponto em que o fruto, maduríssimo, apenas cai do galho e, além de possuir vida própria, traz em si a semente para uma nova vida. Não quero me estender demais neste paralelo, porém podemos perceber, nos seres humanos, que a vitalidade da mente não se acha restringida pelo corpo.

Pergunte-se: será que ao pensar num amigo, numa pessoa deveras amada, – ou ao pensar em alguém que, a despeito de haver vivido séculos atrás, é significativa aos seus olhos –, você não se enche de vida? Pois é desta espécie de vitalidade que estamos falando. Você se enche de vida agora, em todos os sentidos possíveis, através de alguma coisa que, apesar de distante no tempo e no espaço, ainda assim o influencia. Neste exato momento, você só pode alcançar seu amigo com a sua mente e, no entanto, esta conexão mental o faz sentir-se realmente vivo.

Esta mente, de algum modo, também concede vida; portanto, posso muito bem imaginar que quando nossa vida ultrapassa as limitações do corpo – quando este pertencimento se torna cada vez mais e mais expandido, quando o sentimento de pertença já não pode mais ser circunscrito por este pequeno corpo que habito aqui, então preciso, de alguma forma, deixar este corpo para trás e tudo o que tenho é aquele sentimento de pertença; mas isto está além do tempo, embora não seja depois. Não espero continuar indefinidamente. Tal como antes, estou feliz que tenha acabado, que haja um limite, uma conclusão. Todavia existe algo além da vida que simplesmente permanece, que simplesmente é, algo que eu tenho, que pertence a mim.

Esta seria uma das maneiras de lidar com este assunto. E, para muitos de nós, todas estas questões talvez pareçam vir de baixo, desenvolvendo-se paulatinamente até emergirem. Mas não terão vindo do alto? Não nos foi dito que Deus nos dá a vida do alto, que Deus é vida, e assim por diante? Eu acredito nisto tudo, esta é minha resposta. Porém, como o sabemos?

Este questionamento intuitivo – como o sabemos? – sempre nos reconduz à nossa experiência pessoal. O que não sabemos por experiência própria, simplesmente não sabemos. Por conseguinte, a largada é a sua própria experiência, e minha experiência me diz que quando estou plenamente vivo, em meu melhor momento de total pertença – quando meu corpo arde, quando pertenço, por inteiro, a tudo –, então também pertenço a Deus e àquilo a que chamam de Deus, se o termo for usado corretamente, isto é, o ponto de referência supremo do nosso pertencimento. Portanto, na experiência espiritual, na experiência culminante, temos também o ancoradouro para a nossa experiência religiosa.

A tarefa é espiritualizar toda a vida. Isto significa fazer com que toda a nossa existência, em todos os seus aspectos – inclusive o corpo –, sejam vibrantes, cheios de vida. A importante passagem dos Evangelhos, a chamada *Transfiguração de Jesus*, descreve, literalmente, o seu corpo resplandecente, como se incandescente, e a experiência culminante de que falamos aqui é idealizada em Jesus. Na iconografia cristã, sobretudo no Oriente, vigoram regras muito importantes que devem ser observadas. O artista é livre até certo ponto porque, na Igreja Oriental, os ícones são considerados um quinto Evangelho e a importância da sua mensagem sobre Jesus tão grande quanto aquela contida nos Evangelhos escritos. Este é o motivo de particularidades decisivas não poderem ser alteradas nas imagens. E um destes detalhes decisivos, em relação ao ícone da Transfiguração, é que Jesus deve ser representado com os dois pés firmemente plantados sobre a montanha. Na arte ocidental, a famosa pintura de Raphael, *Transfiguração,* apresenta Jesus flutuando, sobre as nuvens. Esta representação é contrária à tradição cristã. Jesus deve estar de pé no chão. É este seu corpo, aqui neste mundo, que está transfigurado.

5

Encontrando Deus através dos sentidos

Por que não iniciar o treinamento espiritual com um escalda-pés? Para uma experiência em que os nossos sentidos desencadeiam, espontaneamente, uma reação de gratidão, um escalda-pés não é má escolha. Seu coração e sua língua talvez ainda não estejam prontos, mas, à sua própria maneira, os seus dedos dos pés começarão a cantar, agradecidos.
Alguém pode negar que este é um passo na direção da "vida em abundância"?

A Listening Heart

Quando alguém me pergunta sobre meu relacionamento pessoal com Deus, minha primeira reação é indagar: O que você quer dizer com *Deus?* Por décadas tenho falado sobre religião com pessoas do mundo inteiro e, se aprendi alguma coisa com essa experiência, é que a palavra *Deus* deve ser usada com o máximo cuidado, caso queiramos evitar mal-entendidos. Por outro lado, uma vez alcançado aquele núcleo místico, de onde brotam todas as tradições religiosas, notei que o consenso é de longo alcance. Mesmo quem não consegue se identificar com nenhuma religião organizada, não raro costuma estar profundamente enraizado em experiências místicas. E é onde encontro o meu próprio ponto de referência para o significado do termo *Deus.* É preciso que este conceito esteja ancorado naquela consciência mística, sobre a qual todos os seres humanos concordam, antes de começarmos a falar a respeito.

Nos meus melhores e mais vivazes momentos – em meus momentos místicos, se você preferir –, experimento uma profunda sensação de pertencimento. Nestes momentos, tenho consciência de estar realmente em casa neste universo. Sei que não sou um órfão aqui. Em minha mente, já não pairam quaisquer dúvidas de que pertenço a este Lar Terrestre, em que cada um de seus membros pertence a todos os outros – camelos a castores, bromélias a buracos negros, quarks a quatis, relâmpagos a rouxinóis, humanos a hienas e ao húmus. Dizer "sim" a esta pertença mútua ilimitada é amor. Quando falo de Deus, estou me referindo a este tipo de amor, a este grande "sim" ao pertencimento. Vivencio este amor em simultaneidade ao "sim" de Deus a tudo o que existe – e a mim pessoalmente – e ao meu "sim", pequenino e individual, a tudo isso. Ao dizer este "sim", percebo a própria vida e o amor de Deus dentro de mim.

Porém, neste "sim" de amor, há mais do que um sentimento de pertença. Há também, e sempre, um anseio profundo. Quem, amando, não experimentou ambos, anseio e pertencimento? O paradoxal é que um acentua a intensidade do outro. Quanto mais intimamente pertencemos, mais ansiamos pertencer ainda mais completamente. O anseio agrega um aspecto dinâmico ao nosso "sim" de amor. O ardor do nosso anseio converte-se na expressão e na própria medida do nosso pertencimento. Nada é estático aqui. Tudo se move com um dinamismo que é, aliás, profundamente pessoal.

Onde existe amor verdadeiro, o pertencimento é sempre mútuo. A pessoa amada pertence ao amante, assim como o amante pertence à pessoa amada. Eu pertenço a este universo e ao "Sim" divino, que é a sua Fonte; e tal pertencimento é mútuo. Este é o porquê de eu poder dizer "meu Deus" – não num sentido possessivo, mas no sentido de um relacionamento amoroso. Então, se o meu mais profundo pertencimento é mútuo, poderia o meu mais ardoroso anseio ser mútuo também? Pois deve ser assim. A despeito de quão espantoso pareça, o que experimento como o meu anseio por Deus é o anseio de Deus por mim. Ninguém pode ter um relacionamento pessoal com uma força impessoal. De fato, não devo projetar em Deus as limitações de um ser humano, todavia, a Fonte Divina deve conter em si todas as perfeições da pessoalidade. De onde mais eu poderia tê-las recebido?

Faz sentido, portanto, falar de um relacionamento pessoal com Deus. Temos consciência deste relacionamento nos momentos em que nos sentimos mais despertos, mais cheios de vida, mais verdadeiramente humanos – ainda que, no princípio, esta seja uma percepção vaga. Podemos cultivar este relacionamento cultivando a vigilância, vivendo a nossa vida humana em sua plenitude.

A Bíblia expressa esses *insights* com as palavras "Deus fala". Havendo sido criado na tradição bíblica, sinto-me confortável com sua linguagem, apesar de relutar impô-la aos outros. O que importa é que cheguemos a um entendimento comum sobre o que esta, ou qualquer outra linguagem, deseja exprimir. "Deus fala" é uma forma de apontar para a minha relação pessoal com a Fonte Divina. Esta relação pode ser compreendida como um diálogo. Deus fala, e eu sou capaz de responder.

Mas como Deus fala? Por meio de tudo o que existe. Cada coisa, cada pessoa, cada situação é, em última instância, Palavra. Algo me é dito e sou desafiado a responder. Cada momento, com tudo o que ele contém, explicita o grande "sim" de uma maneira nova e única. Ao dar minha resposta, momento a momento, palavra a palavra, torno-me, eu mesmo, a Palavra que Deus fala em mim e através de mim.

Por esta razão a vigilância é uma tarefa tão preeminente. Como posso dar uma resposta completa a este momento presente a menos que esteja alerta para a sua mensagem? E como posso estar alerta a menos que todos os meus sentidos estejam totalmente despertos? A poesia inexaurível de Deus chega a mim em cinco linguagens: visão, audição, olfato, tato e paladar. Todo o resto é interpretação – como se fosse uma crítica literária, não a poesia em si. A poesia é resistente à tradução. Só pode ser perfeitamente assimilada em seu idioma original. Isto é ainda mais verdadeiro no tocante à divina poesia da sensibilidade. Como, então, conseguiria eu decifrar a vida senão através dos meus sentidos?

Quando, e ao quê, os seus sentidos reagem mais prontamente? Se eu me fizer esta pergunta, minha resposta imediata será: trabalhando no jardim. No eremitério onde tenho o privilégio de morar na maior parte do ano, há um pequeno jardim. Ali, por causa do aroma, planto jasmim, hortelã doce, sálvia, tomilho e oito tipos diferentes de alfazema. Que abundância de perfumes deliciosos num pedaço tão pequeno de terra! E que variedade de sons! Chuvas de primavera, ventos outonais, pássaros o ano inteiro – pombos selvagens, *blue-jays* e carriças –, o pio agudo do falcão ao meio-dia e o grito esganiçado da coruja ao anoitecer, o som do ancinho sobre o cascalho, do sinos dos ventos, do rangido do portão do jardim. Quem poderia traduzir em palavras o sabor do morango, ou do figo? Que variedade infinita de coisas para tocar, desde a grama molhada sob os meus pés descalços pela manhã até às pedras aquecidas pelo sol em que me recosto, quando a friagem chega ao cair da noite. Meus olhos passeiam para lá e para cá, indo do próximo ao distante: o besouro de carapaça metálica dourada perdido entre as pétalas da rosa; a vastidão do Pacífico, que se estende do rochedo íngreme sobre o qual o eremitério está encarapitado até o horizonte longínquo, onde oceano e terra se unem em meio à névoa.

Sim, admito. Ter um lugar de solidão como este é um presente inestimável. Ali é mais fácil deixar que o coração se expanda, que os sentidos despertem e, um por um, se encham de vida com renovado vigor. Entretanto, quaisquer que sejam nossas circunstâncias, precisamos, de algum modo, reservar um tempo e um lugar para este tipo de experiência. É algo necessário na vida de cada um de nós, não um luxo. Nestes momentos, não são apenas nossos olhos e ouvidos que se enchem de vida; nosso coração escuta e se alteia para responder. Até que meus sentidos estejam sintonizados, meu coração permanece entorpecido, modorrento, meio morto. Conforme meu coração acorda, escuto o desafio de assumir minha responsabilidade.

Nós tendemos a ignorar a íntima conexão entre receptividade e responsabilidade, entre sensibilidade e desafio social. Exterior e interior são uma coisa só. À medida que aprendemos, realmente, a olhar com nossos olhos, começamos a enxergar com o nosso coração também. Começamos a enfrentar o que preferiríamos negligenciar, começamos a enxergar o que anda acontecendo neste nosso mundo. À medida que aprendemos a escutar com os nossos ouvidos, começamos a ouvir o grito dos oprimidos.

Podemos começar a perceber o cheiro de "algo de podre no reino da Dinamarca". Podemos nos sentar à mesa e sentir o gosto agridoce das lágrimas dos explorados que importamos juntamente com café e bananas. Estar em sintonia com o próprio corpo é estar em sintonia com o mundo – o que inclui o resto do mundo e todas as outras esferas com que o nosso coração anestesiado anda convenientemente desconectado. Não é de se estranhar que os detentores do poder, os interessados em manter o *status quo*, encarem com desconfiança qualquer coisa que ajude as pessoas a caírem em si.

Nas minhas viagens, notei o quanto é fácil a atenção se perder. A saturação excessiva dos sentidos costuma turvar o nosso estado de atenção. Um dilúvio de impressões sensoriais acaba desviando o coração de sua plena atenção. Isto me confere uma nova apreciação do eremitério, uma compreensão renovada do significado da solidão. O eremita – o eremita em cada um de nós – não foge do mundo, mas busca aquele Ponto Central interior, onde as batidas do coração do mundo podem ser ouvidas. Todos nós – e cada um de nós numa medida diferente – temos necessidade da solidão porque precisamos cultivar a atenção plena.

Como fazê-lo na prática? Existe um método para cultivar a atenção plena? Sim, existem muitos métodos. O que eu escolhi é a gratidão. A gratidão pode ser praticada, cultivada, aprendida. E, à proporção que crescemos na gratidão, crescemos na atenção plena. Antes mesmo de abrir os olhos, ao acordar, lembro-me de que tenho olhos para ver, enquanto milhões de meus irmãos e irmãs são cegos – a maioria deles devido a condições que poderiam ser melhoradas se a nossa família humana caísse em si e gastasse seus recursos de forma sensata e equitativa. Se eu abrir os olhos movido por tal pensamento, é provável que me sinta mais grato pelo dom da visão e mais atento às carências dos destituídos desta dádiva. À noite, antes de apagar a luz, anoto, na minha agenda de bolso, algo pelo qual nunca demonstrei gratidão antes. Tenho feito isto há anos e o estoque para listar ainda me parece inesgotável.

A gratidão traz alegria à minha vida. Como posso encontrar alegria no que tomo como garantido? Então paro de "tomar como garantido" e descubro que as surpresas nunca têm fim. A atitude de gratidão é criativa porque, em última instância, a oportunidade é a dádiva dentro da dádiva de cada momento que nos é dado. Isto significa, principalmente, oportunidade de ver, ouvir, cheirar, tocar e saborear com prazer. Uma vez adquirido o hábito de aproveitar as oportunidades, o farei mesmo em situações desagradáveis, de um jeito criativo. Porém, o mais importante, é que a gratidão fortalece aquele sentimento de pertencimento que mencionei no início.

Não há vínculo mais estreito do que o celebrado pela gratidão, o vínculo entre o doador e o agradecido.

Tudo é presente. Viver imbuído de gratidão é uma celebração do dar-e-receber universal da vida, um "sim" ilimitado ao pertencimento.

Nosso mundo é capaz de sobreviver sem isso? Qualquer que seja a resposta, uma coisa é certa, dizer um "sim" incondicional à pertença mútua de todos os seres fará deste um mundo mais alegre. Este é o porquê de *Sim* ser o meu sinônimo favorito para *Deus*.

6

Cultivando a alegria grata

Tudo é uma dádiva. O grau em que estamos despertos para esta verdade é uma medida da nossa gratidão, e a gratidão é uma medida da nossa vitalidade.

Jesus and Lao Tzu: The Parallel Sayings

O deleite das experiências sensoriais costuma ter má fama. Há quem sufoque o prazer sensual por pensar ser esta a atitude religiosa adequada. Esta não foi a atitude de Jesus. Aliás, Jesus não estava muito preocupado em se adequar às expectativas alheias. Ele demonstrou tamanho entusiasmo pela vida, que membros respeitáveis da sociedade o chamaram de "comilão e beberrão" (Mateus 11,19). A postura puritana, rígida, daquela gente lhes parecia a única verdadeiramente religiosa. Em contrapartida, os amigos de Jesus, em sua companhia, experimentaram a presença libertadora de Deus através de todos os seus sentidos. A mensagem de Deus alcançou os seus ouvidos levada pela inflexão e modulação da voz de Jesus. O que ele dizia era indissociável de como ele o dizia. Enquanto suas mãos tocavam a pele dos que o cercavam, o desvelo de Deus tocava os seus corações. Daí em diante, bastou um pequeno passo para a compreensão de que toda experiência sensorial é, no fundo, uma experiência espiritual, uma revelação divina. Não importa o quanto reprimamos tal percepção; ela está entranhada em cada coração, apenas esperando ser acionada.

A Boa-nova de Deus nos chega, primeiro e principalmente, através dos nossos sentidos: "Nossa mensagem é sobre o que era desde o princípio, o que ouvimos, o que vimos com nossos olhos, o que contemplamos, e o que nossas mãos apalparam do Verbo da vida... Nós damos testemunho do que vimos e ouvimos.... para que a sua alegria seja completa." (1João 1,1-4).

A alegria é a essência da Boa-nova cristã. Entretanto, só seremos capazes de beber dessa fonte de alegria se escancararmos os nossos sentidos. Somente então a Boa-nova se provará verdadeiramente boa e sempre nova.

O bom-senso nos diz que não há nada em nosso intelecto que não tenha entrado pelas portas da percepção. Nossos conceitos mais elevados estão enraizados nas experiências sensoriais. E é apenas alcançando suas raízes que conseguimos "escavar" grandes ideias. Pessoas que, por serem cheias de melindres, não põem a mão na massa para lidar com os conceitos em suas raízes, acabam atreladas a noções que são, literalmente, "curtas e grossas". Extirpado dos sentidos, o raciocínio árido se transforma em contrassenso.

Devemos, é claro, distinguir sensibilidade de sensualidade. A diferença é que a sensualidade se enreda tanto no prazer sensual que nunca encontra a alegria plena. Uma vida enraizada na sensibilidade floresce. Uma vida emaranhada na sensualidade se sufoca e definha, como um intrincado de raízes. A sensibilidade saudável vai da raiz ao tronco, à folha e à flor perfumada. O doce aroma da madressilva, que inunda o ar da noite, não poderia existir sem as raízes ocultas que sustentam o tronco; mas esta fragrância inigualável tem vida própria. A verdadeira alegria ultrapassa o mero prazer sensual. Sem jamais rejeitar os nossos sentidos, devemos ir além deles. Mais cedo ou mais tarde, nossos sentidos perdem o vigor e morrem. A verdadeira alegria é duradoura...

Nós, humanos, pertencemos aos dois reinos, o dos sentidos e ao que extrapola os sentidos. Isto nos tensiona. Numa tentativa de nos preservamos da tensão provocada por este processo de estiramento, tendemos a nos contentar com metade da nossa herança legítima. Ainda assim, nossa origem humana nos confere uma dupla cidadania. Somente reivindicando ambos os reinos como lar é que podemos evitar a polarização de nossa consciência. Nossa tarefa mais nobre é tirar o máximo partido desta tensão criativa. Se negligenciarmos o que está além dos sentidos, afundamos para um patamar abaixo dos animais.

Porém, se negarmos que somos animais e negligenciarmos, ou rejeitarmos, os nossos sentidos, podamos as próprias asas cujo propósito é nos alçar às esferas mais elevadas. A menos que reivindiquemos nossa dupla cidadania e nos sintamos em casa tanto na companhia dos anjos quanto na dos animais, nós nos alienamos de ambos, nós nos alienamos do que é verdadeiramente humano; nós nos tornamos – na imagem apropriada de Christopher Fry – "Como um anjo simplório amarrado no lombo de uma mula"...

Seres humanos que somos, achamo-nos numa encruzilhada entre o corpo e a mente, entre os sentidos e a razão. Manter esses polos opostos juntos, em harmonia, é a nossa tarefa existencial. De vez em quando, alguém realiza essa tarefa e o resultado resplandece, irradiando uma beleza singularmente humana: um corpo radiante, emitindo um brilho que extrapola os sentidos; um esplendor intangível mas completamente encarnado. Os olhos dos verdadeiros amantes são lúcidos o bastante para enxergar essa beleza um no outro. Percebemos vislumbres de tal beleza nas artes visuais; uma peça musical pode expressá-la, ou um poema, ou a graça de um dançarino. O poeta austríaco Rainer Maria Rilke escreveu *Elegias de Duíno* e *Sonetos a Orfeu* no mesmo ano – 1922 – em que T. S. Eliot escreveu *A terra devastada*, e a nossa posição nestas encruzilhadas é o tema central destas obras poéticas...

Se você já viu uma abelha se revirando e se debatendo nos recônditos sedosos de uma peônia, então irá apreciar a imagem que Rilke usa para a nossa tarefa de traduzir a experiência sensorial numa experiência que excede os sentidos. Observe aquela abelha se refestelando na fragrância das incontáveis pétalas púrpuras, brancas e rosadas, até que, polvilhada com o pólen dourado, ela encontra a fonte do néctar, escondido no âmago da flor. Repare como a abelha, com todos os seus sentidos inteiramente absorvidos neste mundo floral – executa o que é tanto um encargo vital quanto uma diversão arrebatadora. Em seguida, leia como o poeta compreende a nossa própria atribuição neste mundo humano:

> Nossa tarefa é entranhar, em todo o nosso ser,
> essa terra passageira, impermanente,
> E tão profunda, dolorosa e apaixonadamente,
> que ela tornará a se erguer – agora "invisível" – dentro
> de nós.
> Somos as abelhas do invisível.
> Com total abandono, sugamos o néctar do visível
> dentro do grande favo dourado do invisível.

...Da colmeia ao prado florido e de volta ao lar, nossos corações continuam alçando voo; do invisível ao visível e, então, carregados com a colheita – como abelhas vestidas de pólen e barrigas estufadas de néctar –, regressamos ao lar, para "o grande favo dourado do invisível". Este é o padrão das reiteradas jornadas do nosso coração ao longo da vida e da busca da vida como um todo...

Os gloriosos portões de percepção da maioria das pessoas rangem suas dobradiças enferrujadas. Quanto do esplendor da vida desperdiçamos porque nos arrastamos meio cegos, meio surdos, os nossos sentidos estrangulados e entorpecidos pela força da acomodação. Quanta alegria perdida. Quantas surpresas deixamos escapar. É como se houvesse ovos de Páscoa escondidos sob cada arbusto e fôssemos preguiçosos demais para procurá-los. Mas não precisa ser assim. Somos capazes de deter o avanço do embotamento como se fora o alastramento de uma doença. Podemos até reverter o processo e iniciar a cura. Podemos, de maneira deliberada e a cada dia, prestar atenção a algum cheiro, a algum som que nunca apreciamos antes, a alguma cor ou forma, textura ou sabor nos quais jamais reparamos antes. Tente, por apenas uma semana, dedicar cada dia ao cultivo de um dos seus sentidos. Segunda-feira, dia do olfato; terça-feira, dia do paladar; e assim por diante. Como são cinco os sentidos e sete os dias da semana, sugiro que você dedique três dias ao tão negligenciado sentido do tato.

Ansiamos estar em contato com a vida, ansiamos tocar e ser tocados. No entanto, também temos medo de permitir qualquer coisa "nos atingir". Temerosos de deixar a vida chegar perto demais, a mantemos à distância e nem sequer percebemos o quanto estamos nos fazendo de tolos. Estamos passando pela vida como alguém que entra no chuveiro segurando um guarda-chuva cuidadosamente aberto. Estamos presos aos nossos papéis, agarrados aos nossos símbolos de identidade social e respeitabilidade. Longe de nós nos fazermos de tolos! É necessário um pouco de experiência de vida para nos darmos conta de que a nossa escolha é apenas entre nos fazermos de tolos voluntária ou involuntariamente. Ao nos recusarmos a ousar e nos fazermos de tolos, intencional e sabiamente, nos fazemos de tolos bobamente...

A alegria vai além da felicidade. A alegria é a felicidade que não depende do que acontece. Ela brota da gratidão. Quando começamos a tomar as coisas como garantidas, somos tragados pelo tédio. O tédio é mortal. Todavia, tudo dentro de nós anseia pela "vida, e vida em plenitude" (João 10,10). A chave para a vida plena é a gratidão.

Experimente isto: pela manhã, antes de abrir os olhos, pare e pense. Lembre-se de que existem milhares de pessoas cegas no mundo. Com certeza, você abrirá os olhos mais agradecidamente, ainda que preferisse mantê-los fechados um pouco mais e cochilar. Tão logo paramos de tomar nossa visão como garantida, verdadeiras dádivas saltam aos nossos olhos, dádivas que nem sequer reconhecíamos como tal antes. Reconhecer uma dádiva como uma dádiva é o primeiro passo rumo à gratidão. Sendo a gratidão a chave da alegria, seguramos a chave para a alegria, a chave para o que mais desejamos, em nossas próprias mãos...

O que temos demonstrado aqui, assim espero, é que uma espiritualidade sensorialmente fiel a Jesus Cristo não é suspeita, mas sagrada. Um coração ouvinte reconhece, no latejar da realidade pulsante em todos os nossos sentidos, a pulsação da vida divina no âmago de tudo o que é real.

7

Em sintonia com a ordem dinâmica do amor

Existe o instante extático, mas não existe êxtase instantâneo. O treinamento monástico é destituído de pressa e pé no chão: varrer, cozinhar, lavar; servir à mesa ou ao altar; ler livros ou preencher cartões de biblioteca; cavar, digitar, enfardar o feno, soldar — mas tudo isso realizado com aquele desprendimento afetuoso que faz do lugar onde você está o umbigo do universo.

A Listening Heart

Na tradição cristã, o conceito de contemplação está vinculado à palavra em latim *contemplari*. A imagem, e, originalmente, a realidade por trás deste conceito, é a dos áugures romanos, que delimitavam uma área específica no céu, o *templum*. Inicialmente, *templum* não era uma construção no solo, e sim um ponto no céu onde os videntes profissionais – os áugures –, fixavam o olhar a fim de encontrar a ordem imutável segundo a qual as questões terrenas deveriam ser dispostas. A ordem sagrada do templo é meramente o reflexo da ordem sagrada do alto. A contemplação consiste em reunir os dois templos, como sugere a partícula *con*, em *contemplari*.

Paralelamente, a este conceito romano, há o padrão bíblico. Moisés construiu o santuário exatamente de acordo com a visão que Deus lhe havia mostrado na montanha. Repetidas vezes, a Bíblia frisa a correspondência fiel entre o templo na terra e seu modelo celeste. Neste sentido, Moisés cumpre, verdadeiramente, o papel do contemplativo. E não por acaso. O que ele, e os áugures, tentaram realizar, brota da mesma raiz. A postura contemplativa está profundamente entranhada no nosso coração e no nosso desejo de harmonia universal. Através dos tempos, os seres humanos têm perscrutado, ansiosamente, a harmonia e a ordem do universo estrelado, medindo as batidas de seu coração na cadência daquele movimento ritmado.

O termo *medir* parece originar-se da mesma raiz linguística da qual derivam não só cognatos tais como temperatura, temperamento, gabarito[5] e temporalidade, mas também, é

---

5. *Template*, no original em inglês.

claro, templo e contemplação. *Medir* os passos na cadência de um ritmo universal e, assim, alinhar sua vida à ordem universal – isto é *contemplatio* na nossa tradição.

Para se mover no mesmo ritmo, é preciso escutar; para vislumbrar o próprio rumo, é preciso olhar. O mosteiro é, portanto, concebido como um lugar onde se aprende a manter os olhos e os ouvidos abertos. "Escuta!" é a primeira palavra da Regra de São Bento para os Mosteiros. Outra palavra-chave é "Contempla!" – no sentido literal de traçar o seu rumo no compasso das estrelas. São Bento, o patriarca dos monges ocidentais, quer que eles vivam *apertis oculis* e *attonitis auribus*, com os olhos abertos e os ouvidos tão alertas que o silêncio da presença de Deus soe como um trovão. É por esta razão que um mosteiro beneditino deve ser uma *schola Dominici servitii*, uma escola onde se aprende a estar em sintonia com a ordem suprema.

Porém esta ordem não implica nada rígido. Se assim fosse, seria um grande perigo, seria cair numa armadilha considerar a ordem suprema estática. Pelo contrário, trata-se de uma ordem profundamente dinâmica e a única imagem que, em última instância, podemos encontrar para descrevê-la é a dança das esferas. O que somos convidados a fazer, o que devemos aprender, profissionalmente, nos mosteiros, é escutar aquela melodia, entrar em sintonia com aquela harmonia ao ritmo da qual todo o universo dança.

Santo Agostinho expressa o dinamismo desta ordem ao afirmar, *"Ordo est amoris"*, ou seja, esta ordem é simplesmente a expressão do amor que move o universo. Dante, em *Paraí-*

so, diz o mesmo com belas palavras: *"L'amor Che muove il sole è l'altre stelle"*[6]. Contudo, o fato é que, enquanto o resto do universo se movimenta livre e graciosamente numa harmonia cósmica, nós, seres humanos, não. Costumamos pelejar para nos sintonizarmos com a ordem dinâmica do amor. Numa certa altura, chegamos ao extremo de ter que nos esforçar para não fazer esforço nenhum. O obstáculo que nos cabe superar é o apego, inclusive o apego ao nosso próprio esforço. Ascetismo é a abordagem profissional para superar o apego em todas as suas configurações. Nossa imagem da dança deveria nos ajudar a compreender este conceito. O desapego, que vem a ser apenas o aspecto negativo da ascese, libera os nossos movimentos, auxilia-nos a ganhar agilidade. O aspecto positivo da ascese é a agilidade, a vigilância, a vivacidade. À medida que nos tornamos mais livres para nos movermos, começamos a aprender os passos; a prestar atenção à música, a escutar e a reagir.

Portanto o ascetismo – na sua acepção negativa – pode ser entendido como um treinamento no desapego para estar em sintonia com a harmonia universal – a meta positiva. Todavia, para ser verdadeiramente universal, tal harmonia deve abranger toda a realidade. Se o objetivo da contemplação é "reunir os dois templos", então toda a realidade deve tornar-se transparente até à sua estrutura luminosa mais íntima e a ordem suprema deve encontrar sua expressão no espaço e no tempo. Por conseguinte, o ascetismo deve cultivar o seu próprio ambiente, tanto na percepção de espaço e tempo quanto

---

6. O amor move o sol e as outras estrelas.

na forma de obediência a este ambiente quando investido da atribuição de guru.

No meu entendimento, a palavra *guru* significa "dispersador da escuridão". Não no sentido de que haja uma dicotomia, de que exista alguma coisa clara e boa e outra ruim e escura. Não, a realidade não se divide em duas. Vamos compreender a dissipação da escuridão no sentido simbólico de dispersão da confusão. Se a função do guru é dissipar a confusão – a começar pela confusão de que a realidade se constitui de duas partes –, o resultado será ordem. Somente tenhamos em mente que se trata da ordem dinâmica da vida e do amor, a ordem misteriosa da grande dança. As várias tradições desenvolveram inúmeras maneiras de nos levar a aprender a pôr a vida em ordem – na ordem a que aludimos aqui. Dentre elas, destaca-se o que podemos chamar de ascetismo ambiental do espaço e tempo.

Tanto na minha tradição – a cristã – quanto nas demais, o ascetismo do espaço – o treinamento do desapego no que se refere a qualquer lugar – concentra-se em aprender a estar presente onde quer que estejamos. Este é o primeiro passo; e com que frequência fracassamos! Ou estamos à frente de nós mesmos, ou empacados lá atrás. Parte de nós está se estendendo para um futuro que ainda não chegou, enquanto outra parte permanece agarrada a um passado que não existe mais. O que resta de nós tampouco está verdadeiramente presente. Estamos aqui e não estamos aqui, porque não estamos despertos. Estar presente onde estamos significa acordar para aquele lugar específico...

O tempo é algo inteiramente diferente no contexto monástico daquele que o cronômetro marca. O tempo não é nosso... Afirmamos ter tempo, ganhar tempo, poupar tempo, quando, na realidade, o tempo não nos pertence. Não é medido pelo relógio, e sim pela chegada da hora. É por isto que os sinos são tão importantes num mosteiro. Os sinos são um grande auxílio para tirar os monges da cama logo cedo. Ninguém – que jamais viveu num mosteiro – negará a importância disso. Todavia, o realmente importante é que, num mosteiro, nós fazemos as coisas não quando sentimos vontade, mas quando é hora. Quando o sino toca, São Bento quer que o monge coloque a caneta de lado sem cruzar o *t*, ou pôr o pingo no *i*. Tal é o ascetismo do tempo.

Há certas ocasiões em que é hora de alguma coisa, quer queira-se ou não. Ainda que você se atrase só cinco minutos, o sol não renascerá por sua causa, ou não irá se pôr outra vez por sua causa, e o meio-dia não chegará um pouquinho mais tarde porque você atrasou o relógio. Esses são momentos decisivos, ao redor dos quais gira todo o dia monástico – momentos em que o sino indica não apenas a hora arbitrária de alguma escala inventada por alguém. Deixe todos esses sinos que você irá ouvir tocar lembrá-lo de que é *hora*, não a *nossa* hora.

No instante em que nos desapegamos do nosso tempo, todo o tempo é nosso. Estamos além do tempo porque estamos vivendo no momento presente, no agora que transcende o tempo. O agora não está encravado no tempo. Se sabemos algo sobre o significado do agora, é que é uma medida que extrapola o tempo. Certamente futuro não é, visto que este ainda não chegou; com certeza, tampouco é passado, pois este já não existe mais. Então falamos: "Bem, então é agora". Mas, quando é o agora? Estaria, por acaso, encapsulado no tempo, na hora? Quanto dura este agora? Mesmo atribuindo o menor intervalo de tempo ao agora, é possível dividi-lo em dois: metade para o futuro, metade para o passado. Então a linha divisória é o agora? Conquanto permaneça uma medida de tempo, o agora pode ser dividido repetidas vezes, *ad infinitum*. E assim descobrimos que no tempo há apenas uma costura entre um passado que já se foi e um futuro ainda por vir; e o agora não está, absolutamente, no tempo. O agora está além do tempo. E nós, humanos, somos os únicos que sabemos o que o significado do agora porque nós existimos, nós "irrompemos" no tempo. É isto o que significa existir. E todos aqueles sinos monásticos são, para nós, simplesmente lembretes: agora! – e isto é tudo.

Equacionar este ascetismo de espaço e tempo, passar da confusão à ordem, à harmonia da escuridão e da luz – é isto que tentamos realizar no mosteiro. É claro que não temos a pretensão de afirmar que o conseguimos... Estamos tentando adentrar naquela ascese de espaço e tempo, a nos abrir para o ambiente como o dispersador da escuridão – isto é, da confusão – encontrando, assim, a paz.

Nossa tradição, proveniente do latim, define paz como *tranquillitas ordinis,* a tranquilidade da ordem. A ordem é inseparável do silêncio, porém, este é um silêncio dinâmico. A tranquilidade da ordem é uma tranquilidade dinâmica, a quietude de uma chama queimando em perfeita calma, de uma roda girando tão rápido que parece parada. O silêncio, neste sentido, não é só uma qualidade do ambiente, mas, principalmente, uma atitude, uma atitude de escuta. Este é um presente que cada um de nós é convidado a dar a todos os outros: o presente do silêncio. Que, então, nos demos, uns aos outros, o silêncio. E que comecemos neste exato momento.

8

Pisando em terra sagrada

A surpresa é o ponto de partida. Através da surpresa, nossos olhos interiores se abrem para o fato espantoso de que tudo é gratuito. Absolutamente tudo tem que ser levado em conta... Quando nosso intelecto aprende a reconhecer que a característica do mundo é traduzida em dádivas, quando nossa vontade aprende a percebê-la e nossos sentimentos a apreciá-la, círculos cada vez mais amplos de atenção plena fazem nosso mundo ganhar vida.

Gratidão, a alma da oração

Alguns *insights* do nosso coração humano são tão profundos que somente uma história pode nos ajudar a esclarecê-los e a compartilhá-los com outras pessoas. O sentido básico do que chamamos, em termos abstratos, de "vida sacramental", é um desses *insights* profundos. O trecho que escolhi vem da tradição bíblica. Todavia, o *insight* fundamental expresso neste relato pertence à riqueza comum de todas as religiões e será encontrado nas narrativas de inúmeras diferentes tradições, Ocidentais e Orientais.

> Apascentava Moisés o rebanho de Jetro, seu sogro, sacerdote de Madiã. Conduziu as ovelhas para além do deserto e chegou ao Horeb, a montanha de Deus. O anjo de Iahweh lhe apareceu numa chama de fogo, do meio de uma sarça. Moisés olhou, e eis que a sarça ardia no fogo, e a sarça não se consumia. Então Moisés pensou: "Vou chegar mais perto e ver essa coisa estranha; por que será que a sarça não se consome?"
> Viu Iahweh que ele se aproximava para olhar. E do meio da sarça Deus o chamou: "Moisés, Moisés!" Ele respondeu: "Aqui estou". Deus disse: "Não se aproxime. Tire as sandálias dos pés, porque a terra em que você está pisando é um lugar sagrado". E continuou: "Eu sou o Deus de seus antepassados, o Deus de Abraão, o Deus de Isaac, o Deus de Jacó". Então Moisés cobriu o rosto, pois temia olhar para Deus. (Êxodo 3, 1-6)

Teremos nós nos acostumado tanto com essa história que já não nos assombramos? Ou será que podemos recuperar o poder de tal visão? Um arbusto em chamas e, não obstante, incólume! Esta é uma das imagens que deixou uma impressão duradoura na mente religiosa através dos tempos; duradoura porque reforçada por uma experiência renovada e cotidiana. No contexto imediato, a sarça ardente no meio do deserto simboliza a divina Presença no meio do povo de Deus; significa o "Santo de Israel". Contudo, num sentido mais amplo, o arbusto ardente, porém intacto, é uma visão diária – diária, embora sempre espantosa – para um coração que enxerga todas as coisas flamejando com o amor divino.

Quão impressionante é o paradoxo da Sarça Ardente só se torna claro quando, mais tarde, os profetas traduziram essa imagem nas palavras rituais, "o Santo está no meio de vocês". Devemos lembrar-nos de que, neste caso, sagrado não remete tanto à perfeição moral, e sim à inimaginável alteridade de Deus. O paradoxo explode sobre nós quando encontramos aquele Outro inimaginável no meio daquilo que nos é mais familiar.

Duas posturas costumam nos cegar para este encontro: o naturalismo e o sobrenaturalismo. O naturalismo vê apenas o arbusto; o sobrenaturalismo, apenas o fogo. Mas enxergar, com os olhos do coração, um no meio do outro, este é o segredo da sacramentalidade. Nunca compreenderemos esse segredo enquanto o procurarmos na narrativa alheia, por mais sublime que tenha sido a experiência descrita. Esta é a razão pela qual devo apelar para o seu encontro pessoal – único e exclusivo – com o "Arbusto Ardente". Todos nós já vivenciamos essas experiências, a despeito de algumas pessoas, mais do que outras, estarem mais cientes delas, ou mais dispostas a admiti-las.

Começarei transcrevendo um relato de um amigo meu, Don Johnson, tirado de seu livro, *The Protean Body*:

> Entrei numa doca no Golfo do México; deixei de existir. Tive a sensação de ser parte da brisa do mar, do movimento da água e dos peixes, dos raios de luz lançados pelo sol, das cores das palmeiras e das flores tropicais. Eu não tinha nenhuma noção de passado, ou de futuro.
>
> Aquela não foi uma experiência particularmente feliz: foi aterradora. Foi o tipo de experiência arrebatadora em que eu havia investido muita energia para evitar. Não me senti como se fosse a *mesma* coisa que a água, o vento e a luz, mas participando, com eles, do mesmo sistema de movimento. Estávamos todos dançando juntos![7]

"Juntos" é a palavra-chave. Todas aquelas fendas e fossos de separação, polaridade, alienação, que normalmente experimentamos, são curados num só olhar. "Como a visão de beatitude de um santo. Como o véu, que encobre as coisas, parece puxado para trás por uma mão invisível. Por um instante você vê... Por um instante há significado", conforme Eugene O'Neill se expressou em *Longa Jornada Noite Adentro*.

Este é o segredo que você entrevê: tudo tem significado. E um vislumbre deste segredo torna tudo completo. O segredo é o segredo da sacramentalidade, o mistério de que a vida de Deus é comunicada através de todas as coisas, assim como o significado é comunicado através de palavras. Os dois se per-

---

7. Don Johnson, *The Protean Body: A Rolfer's View of Human Flexibility* (New York: Harper & Row, 1977), 129.

tencem mutuamente, significado e palavra, Deus e o mundo. Os dois estão interligados, sem se confundirem, e são indissociáveis: significado e palavra, Deus e o mundo.

C. S. Lewis, em seu livro *Perelandra,* escreveu: "Ele habita (todo Ele) dentro da semente da menor das flores sem que esteja constrito: o Céu Profundo está dentro Daquele que está dentro da semente e este Céu não o distende. Bendito seja Ele!"[8]

Prossegue Eugene O'Neill: "Por um instante você vê – e vendo o segredo, você torna-se o segredo!"[9] Você é o segredo porque está enxergando-o com os olhos do coração. Não há outros olhos capazes de enxergá-lo. Entretanto, estarmos centrados em nosso coração significa estarmos juntos – com nós mesmos; junto com Deus, que está sempre mais perto de mim do que eu mesmo; junto com todos, em comunidade.

Por este motivo a vida sacramental sempre desabrocha em comunidade, nós estamos juntos uns com os outros. Não se trata nunca de uma questão privada, embora seja profundamente pessoal. Sacramentalidade é o segredo que, no nosso vasto Lar Terrestre, todos comunicam a todos – numa miríade de maneiras diferentes – a vida do Santo no meio de nós. As muitas comunidades, igrejas, coletividades, são meros indicadores daquela família de Deus, modelos mais ou menos bem-sucedidos e entendimentos parciais desta realidade. As suas celebrações de vida são, de alguma forma, sacramentos, porque a própria vida é sacramental.

---

8. C. S. Lewis, *Perelandra* (Editora Thomas Nelson Brasil.
9. Eugene O'Neill, *Longa Jornada Noite Adentro.*

Bem compreendidos, os sacramentos das igrejas cristãs não são compartimentos estanques, transmissores da graça divina.Os sacramentos são o ponto focal daquele fogo divino de que toda a vida sacramental é constituída. É difícil imaginar, por exemplo, alguém entendendo, realmente, a Ceia do Senhor sem ter aprendido a olhar, com os olhos do coração, para o tordo armazenando uma minhoca no papo a fim de levá-la para os filhotes no ninho. A lei universal de que a vida deve entregar-se a si mesma para alimentar uma nova vida simplesmente espelha o mistério inigualável de que, através do amor de Deus, temos vida – a vida de Deus – através da própria morte de Deus. Este mistério da Eucaristia acontece sempre que uma comunidade partilha uma refeição com plena consciência e plena gratidão.

A tradição bíblica – judaica, cristã, islâmica – vê com particular clareza que a vida sacramental se realiza no tempo, na história. Assim ponderam os rabinos: a menos que Moisés houvesse estado apascentando o rebanho, ele jamais teria deparado com a Sarça Ardente. A menos que estejamos a serviço da vida, no dar e receber que isto implica todos os níveis, jamais descobriremos o seu poder sacramental. Aquele sentimento de comunidade em que a vida sacramental está enraizada inclui as dimensões de tempo, história, luta, sofrimento, serviço. Moisés não só encontrou a Sarça Ardente em meio ao seu trabalho cotidiano de pastoreio, mas esta visão o impeliu a lutar pela libertação de seu povo.

Existe uma única condição para enxergar a vida sacramentalmente: "Tire os sapatos!" Perceba que o chão em que pisamos é terra sagrada. O ato de tirar nossos sapatos é um gesto de ação de graças e é através da ação de graças que entramos na vida sacramental.

Andar descalço de fato ajuda! Não há maneira mais imediata de entrar em contato com a realidade do que o contato físico direto. Sentir a diferença entre caminhar na areia, na grama, no granito liso aquecido pelo sol, no chão da floresta; deixar que os pedregulhos nos firam por algum tempo; espremer a lama entre os dedos dos pés. Existem tantas formas de tocar, com gratidão, o poder de cura de Deus através da terra. A qualquer momento em que nos despimos do embotamento a que estamos acostumados – aquele de tomar as coisas como garantidas –, a vida, em todo o seu frescor, nos toca e, então, vemos que toda a vida é sacramental. Se houvesse um modo de medir a nossa vitalidade, certamente seria o grau em que estamos conectados com o Santo, como o fogo inexaurível, ardendo no meio de todas as coisas.

9

Nossa busca pelo significado supremo

Nossa experiência religiosa começa e termina com o coração. Começa com o insight de que o nosso coração está inquieto. Um mundo de coisas jamais pode satisfazer plenamente sua busca desassossegada. Apenas aquilo que não é alguma coisa, que está além de todas as coisas, e a que denominamos significado, nos dá repouso, quando o vislumbramos. A busca do coração por significado é a pulsação de cada uma das religiões.

Gratidão, a alma da oração

Felicidade e uma vida com significado são inseparáveis. É possível que você conheça pessoas que parecem bafejadas pela boa sorte, que parecem ter tudo, e, no entanto, são desesperadamente infelizes. E há aquelas que, em meio à miséria nua e crua, estão profundamente em paz e – bem, genuinamente felizes. Veja se você consegue descobrir onde está a diferença.

Quando esquadrinhamos esta questão a fundo, nos damos conta de que os felizes são os que descobriram o que os outros desconhecem: um significado para a vida. Porém, não devemos chamar significado de "coisa". De fato, esta é a única realidade em nossa vida que não é nada. Tampouco devemos dizer que alguém encontrou significado, como se, uma vez encontrado, o significado pudesse ser guardado em segurança, já antecipando os dias mais sombrios. O significado deve ser constantemente acolhido, como a luz para a qual precisamos abrir os olhos, aqui e agora, se quisermos enxergar.

Uma imagem talvez nos ajude a perceber como significação pode não ser "alguma coisa", ou coisa nenhuma. Na nossa cultura ocidental apontamos para um jarro, ou um cinzeiro, e indagamos: "O que é isto?" A despeito de quão múltiplas, as respostas, em geral, abrangerão uma descrição do material do objeto e sua utilidade específica: vidro prensado ou soprado num determinado formato, argila modelada na roda de oleiro, queimada e esmaltada. Assim seria de se esperar. Nunca nos ocorre a possibilidade de alguém ter uma perspectiva tão diferente, que sua resposta irá focar, com igual objetividade, no espaço vazio do tal jarro, ou do cinzeiro. Surpresa. "Espaço vazio? É só?" Claro que o vazio tem que ser definido por esta ou aquela forma. Todavia, isto é menos importante. O que realmente importa é o vazio do recipiente. Afinal, não é este vácuo que faz daquele determinado objeto um receptáculo? Devemos reconhecer este fato, por mais estranha que tal abordagem talvez nos soe; tão estranha quanto o "som do que não é som", pois ambos estão estreitamente relacionados.

Nesse sentido, o silêncio também não é a ausência de palavra, ou de som. O silêncio não é caracterizado pela ausência, e sim pela presença, uma presença grande demais para caber em palavras. Quando experimentamos um pouco de alegria, ou de dor, somos capazes de falar a respeito. Quando a alegria ou a dor se intensificam, nós exultamos, ou choramos. Entretanto, quando a felicidade ou o sofrimento se tornam esmagadores – nós nos silenciamos. Qualquer encontro com o mistério é encoberto pelo silêncio. O próprio termo "mistério" deriva da palavra grega *muein*: "manter silêncio", ou, "fechar a boca". Mistério não é um vazio esvaziado, mas a incompreensível Presença que nos toca e nos deixa sem palavras enquanto nos transmite significado.

É somente através da tensão entre palavra e silêncio que o significado é mantido – "palavra" e "silêncio" são usados aqui no seu sentido mais abrangente, como duas dimensões de toda realidade. No momento em que relaxamos esta tensão, o significado nos escapa. No momento em que rompemos a tensão, o significado é fragmentado. Ignorar a distinção entre palavra e silêncio – uma distinção mais importante e mais fundamental do que qualquer outra – implicaria relaxar a tensão.

Todavia, levar a diferenciação ao ponto da ruptura esgarçaria a tensão. A questão é que silêncio e palavra, apesar de distintos, estão unidos pela terceira dimensão de significado, já discutida por nós anteriormente – a compreensão.

Afinal, como compreendemos? Eu diria que permitindo que a palavra nos conduza ao silêncio até que, realmente, ouçamos o silêncio na palavra e por meio dela. Porém, de maneira ainda mais concreta, como a compreensão acontece num diálogo? Um diálogo verdadeiro é mais do que uma troca de palavras; este "mais" consiste numa troca de silêncio. É aí que brota a compreensão. Para que haja compreensão verdadeira, é necessário que o silêncio dentro de mim chegue à palavra e alcance você até tocar não somente os seus ouvidos e o seu cérebro, mas o seu coração, o seu ponto nevrálgico, o âmago do silêncio em seu íntimo. Portanto, a compreensão é a comunicação do silêncio, com silêncio, na palavra e através dela.

Tão logo reestabelecemos a compreensão em seu devido lugar, descortina-se, para nós, um novo horizonte e conseguimos enxergar a relação da espiritualidade cristã com o Budismo e o Hinduísmo. Se somos capazes de aceitar que a nossa busca pelo significado supremo é a raiz axial de toda espiritualidade, e se for verdade que Palavra, Silêncio e Compreensão, juntos, constituem a esfera do significado, então podemos considerar a possibilidade de que três tradições diferentes – dentro da busca da humanidade – possam focar, cada qual, num aspecto distinto dessas três dimensões do significado. É evidente que não estamos falando de três compartimentos estanques, mas de dimensões que, a despeito de distinguíveis, não podem nunca ser separadas umas das outras. No entanto, vimos que na nossa própria tradição o foco na Palavra é tamanho, que Silêncio e compreensão estão quase afastados do nosso campo de visão; temos que fazer um esforço para redescobrir os seus devidos lugares. Assim, é possível que consigamos entender que, em outras tradições, o Silêncio ou a compreensão ocupem um lugar de preeminência comparável àquele que a Palavra ocupa na nossa própria.

Se examinarmos, agora, os dados das religiões comparadas, veremos confirmado o que, à primeira vista, parecia bom demais para ser verdade. Judeus, cristãos e muçulmanos encontram o significado supremo na Palavra. Os budistas – como já assinalamos resumidamente – encontram esse significado último no Silêncio, no vazio que é plenitude, no nada que dá sentido a tudo. Por sua vez, a Compreensão, que une Palavra e Silêncio, é, então, a preocupação central do hinduísmo. Reconheço que este esquema pouco elaborado nos fornece tantos detalhes quanto um mapa-múndi do tamanho de um selo. O perigo óbvio é a simplificação exagerada. E, contudo, há vantagens numa redução de escala. Para começar, seremos menos propensos a negligenciar a floresta em razão das árvores.

O Hinduísmo, por exemplo, é um emaranhado tão vasto e diversificado de religiões e filosofias, que não se pode culpar ninguém que se desespere procurando encontrar um princípio unificador por trás de tudo. Porém, se houver tal princípio, trata-se do *insight*, sempre repetido, de que Deus manifesto é Deus não manifesto, e Deus não manifesto é Deus manifesto. Isto é Compreensão na nossa acepção do termo, compreensão de que a Palavra é Silêncio – o Silêncio retorna a si mesmo na Palavra; compreensão de que o Silêncio é Palavra – Palavra levada para casa. "Deus manifesto é Deus não manifesto" é o paralelo hindu para a asserção de Jesus: "O Pai e eu somos um" (João 10,30). Palavra e Silêncio são um e é no e através do Espírito de Compreensão que eles são um. Os hindus passaram cinco mil anos, ou mais, cultivando, não uma teologia do Espírito Santo – a teologia pertence ao reino do Lógos, a Palavra –, mas aquilo que deve tomar o lugar da teologia quando é concedido ao Espírito o lugar que a Palavra ocupa na nossa perspectiva. Não deveríamos, portanto, alimentar a esperança de que futuros encontros com o Hinduísmo possam fazer jorrar novas fontes nas profundezas da nossa herança cristã?

De maneira semelhante, o Budismo se concentra numa dimensão que, a despeito de pertencer ao âmbito da Palavra, tem sido um tanto negligenciada na tradição cristã. No que corresponderia a uma teologia do Pai – posto que te(o)-logia só pode ser sobre o Pai –, ao Silêncio caberia tomar o lugar da Palavra como agente. Talvez os budistas possam nos ensinar algo nesta esfera. Quando os budistas falam de uma porta, não estão se referindo, principalmente, ao caixilho, lâmina e dobradiças, como é o nosso caso, e sim ao espaço vazio. Quando Cristo diz, "Eu sou a porta" (João 10,9), somos livres para interpretar suas palavras no sentido ocidental-cristão, ou no sentido budista. Por que este último seria menos cristão?

Estaria aquém da plena verdade afirmar que as grandes tradições da espiritualidade são complementares. De fato, seria errôneo pensar que poderiam somarem-se por assim dizer, para compor "a coisa real". Elas *são* "a coisa real", cada uma delas. Não são complementares, e sim interdimensionais. Cada uma dessas tradições abrange a outra, embora com as maiores diferenças possíveis na ênfase. Por conseguinte, cada uma é única.

Cada uma, à sua própria maneira, é superior. E quanto à reivindicação cristã de universalidade? Bem entendido, este não é algum tipo de imperativo colonialista, pois aponta para horizontes interiores. As demandas são feitas a nós, cristãos, não aos outros, e nos desafiam, vezes sem conta, a redescobrir as dimensões negligenciadas da nossa própria tradição a fim de que nos tornemos verdadeiramente universais, verdadeiramente católicos.

A nossa experiência pessoal, e não uma teoria qualquer, deve ser a chave para a compreensão das tradições espirituais com as quais somos confrontados. Porque, se a nossa busca pelo sentido da vida é a raiz da espiritualidade e a felicidade o seu fruto, devemos ser capazes de obter acesso a todas as suas formas partindo de nossos próprios momentos de felicidade – tanto os habituais quanto aqueles muito íntimos.

10

O âmago místico da religião organizada

Na tradição bíblica, a fé humana é a resposta à fidelidade divina. Entretanto, aquilo sobre o qual estamos falando não se restringe a nenhuma tradição ou credo em particular. É um fenômeno universal, acessível a cada coração humano. Aqueles que seguem os seus sentidos até o âmago fiel da realidade se descobrem tanto desafiados quanto encorajados a uma fé que todos os credos existentes no mundo pressupõem como sendo a sua matriz comum.

A Listening Heart

O misticismo tem sido democratizado nesses nossos dias. Não muito tempo atrás, místicos "verdadeiros" eram os agraciados com visões, possuidores do dom da levitação e da bilocação – e, o mais importante, haviam vivido no passado. Qualquer místico contemporâneo sem dúvida seria *fake* – senão bruxa. Hoje percebemos que fenômenos místicos extraordinários pouco têm a ver com a essência do misticismo. É claro que os místicos autênticos nos falaram isso desde o princípio; simplesmente não lhes demos ouvidos. Viemos a compreender o misticismo como a experiência de comunhão com a Realidade Suprema – isto é, com "Deus", se o uso deste termo, tanto consagrado quanto distorcido pelo tempo, deixar você à vontade.

De vez em quando, muitos de nós experimentamos uma sensação de comunhão com a Realidade Suprema. Nos nossos melhores momentos, nos nossos momentos mais vívidos, sentimo-nos, de alguma maneira, unidos àquele sei lá o que fundamental que nos impele, a todos nós, a seguir adiante. Mesmo as pesquisas em psicologia indicam que a experiência de comunhão com a Realidade Suprema é quase universal entre os seres humanos. Portanto, somos oficialmente reconhecidos como místicos *bona fide*. Alguns de nós até percebem o desafio de traduzir a bem-aventurança da comunhão universal nas minúcias do cotidiano da comunidade humana. Sem dúvida, este é um passo à frente.

Porém, como qualquer passo à frente na vida, a descoberta do misticismo como um direito inalienável de todos traz consigo uma tensão intrigante. Aqueles que sentem essa tensão mais agudamente são os há muito pertencentes a uma religião organizada, com suas doutrinas, preceitos éticos e ritos. É provável que essas pessoas descubram a realidade mística tanto dentro da instituição religiosa quanto fora dela, seja na igreja, ou no alto de uma montanha, seja ouvindo a Missa em Si menor de Bach, ou admirando um pôr do sol. Em qualquer caso, mas em especial na natureza, os que experimentam o êxtase místico costumam começar a se dar conta de uma discrepância entre essa experiência inegavelmente religiosa e os formatos que, em geral, passam por religiosos. Se a busca religiosa é, essencialmente, a busca humana por significação, então os momentos mais significativos da existência humana decerto devem ser chamados de "religiosos". Na realidade, estes momentos são prontamente reconhecidos como o próprio coração da religião, em particular pelos afortunados que se sentem em casa na sua tradição religiosa. E, todavia, o corpo da religião nem sempre aceita o seu coração. Tal pode suceder em qualquer tradição religiosa, ocidental ou oriental. Afinal, para o *establishment*, o misticismo é suspeito. A religião organizada indaga: "Por que essa necessidade de absorção na Nuvem do Desconhecido quando já explicamos tudo de forma tão clara? E essa ênfase na experiência pessoal não é um pouco egocêntrica? Como podemos ter certeza de que aqueles que insistem em andar com as próprias pernas não irão se desviar do caminho?" Estas suspeitas deram origem ao famoso ditado: "[10]*Myst-i-cism begins with mist, puts the I in the center, and ends in schism.*"

---

10. *Mist-i-cismo começa com mist* (bruma, névoa), *põe um I* (eu) *no centro e termina em schism* (*cisma*).

Em todas as religiões, existe essa tensão entre misticismo e instituição religiosa. O grande místico, Jalal ad-Din Muhammad Rumi (1207-1273), criticou a própria instituição à que pertencia, a muçulmana:

Quando a escola, a mesquita e o minarete forem derrubados, então os dervixes podem começar a erguer sua comunidade.

Por outro lado, Mansur al-Hallaj (*circa* 858-922), místico persa, foi atacado por aquela mesma instituição, torturado e crucificado devido ao seu estilo de vida místico e às suas convicções, uma perseguição não destituída de conotações políticas. De um jeito ou de outro, a mesma trama é encenada, repetidamente, no palco da história; toda religião parece começar com misticismo e acabar em política. Se conseguíssemos entender a dinâmica interna deste processo, talvez fôssemos capazes de lidar com a tensão entre a religião mística e a instituição religiosa de uma nova maneira. Talvez pudéssemos transformar a polarização em uma polaridade mutuamente revigorante. A compreensão nos tornaria seguramente mais compassivos com aqueles apanhados em ambos os lados do conflito.

A questão que precisamos enfrentar é a seguinte: Como alguém se desloca da experiência mística para uma religião organizada? Minha resposta é uma única palavra: inevitavelmente. O que acarreta a inevitabilidade deste processo é o fato de fazermos com a nossa experiência mística o que fazemos com quaisquer de nossas experiências, ou seja, tentamos compreendê-las; decidimo-nos a favor ou contra; expressamos nossos sentimentos quanto ao acontecido. Aja assim em relação à sua experiência mística, e você terá todos os requisitos de uma religião. É algo que pode ser demonstrado.

A cada instante, à medida que experimentamos isso e aquilo, nosso intelecto mantém-se sincronizado, interpreta o que percebemos. Isto é especialmente verdadeiro quando vivenciamos um daqueles momentos profundamente significativos. Nosso intelecto debruça-se sobre a experiência mística e se põe a interpretá-la. A doutrina religiosa principia neste ponto. Não há religião no mundo que não tenha sua doutrina. E não existe doutrina religiosa que, em última análise, não possa ser rastreada até suas raízes na experiência mística – caso se tenha tempo e paciência suficientes, pois essas raízes podem ser consideravelmente longas e emaranhadas. Ainda que você dissesse "Minha religião particular não tem doutrina nenhuma, porque sei não ser possível colocar em palavras minha consciência religiosa mais profunda", seria exatamente sobre isto que estamos falando, uma interpretação intelectual da sua experiência. Sua "doutrina" seria um fragmento da denominada teologia negativa – apofática –, encontrada na maioria das religiões.

Embora alguns de nós sejamos intelectualmente mais inclinados, mais propensos, a interpretar a experiência vivida refletindo sobre ela, todos nós agimos assim até certo ponto. Porém, formular uma opinião não nos basta. Baseados na opinião adotada, tomamos partido, a favor ou contra; desejamos ou rejeitamos. Nossa vontade faz isso. Tão logo reconhecemos alguma coisa como sendo boa para nós, não conseguimos deixar de desejá-la. Este é o porquê de nos comprometermos, espontaneamente, a buscá-la. No instante que experimentamos a felicidade mística do pertencimento universal, dizemos um "sim" voluntário. Neste "sim" incondicional, jaz a raiz da ética. E todos os sistemas éticos podem ser resumidos, em última instância, a agir como alguém age ao experimentar uma sensação de pertença.

É sempre a pessoa inteira que interage com o mundo, mas, quando a interação visa o conhecimento, falamos de intelecto. Quando o desejo se posta no primeiro plano, falamos de vontade. O intelecto esmiúça o que é verdadeiro; a vontade estende a mão para o que é bom. Entretanto, existe uma terceira dimensão da realidade, a beleza. Todo o nosso ser ressoa com o que é belo, como uma peça de cristal reverbera sempre que você toca um Dó sustenido ao piano. Onde esse sentimento de ressonância – ou, em outras situações, dissonância – marca nossa interação com o mundo, falamos de emoções. Quão alegremente as emoções ecoam com a beleza da nossa experiência mística! E quanto mais repercutirem, mais celebraremos aquela experiência específica. Somos capazes de nos lembrar do dia e da hora do sucedido e comemorá-lo, ano após ano. É possível que voltemos a nos sentar no banco do jardim, onde o canto daquele tordo nos arrebatou. Talvez jamais tornemos a escutá-lo, todavia um ritual foi estabelecido, uma espécie de peregrinação a um lugar sagrado pessoal.

O ritual também é um elemento presente em todas as religiões. E todo ritual existente no mundo celebra, de um modo ou de outro, a pertença – apontando para aquele pertencimento supremo que vivenciamos nos momentos de consciência mística.

Nossa resposta a estes momentos é sempre de corpo e alma. No cerne, no âmago da pessoa humana, intelecto, vontade e emoções ainda constituem um todo integrado. Contudo, uma vez que a resposta do âmago é expressa em pensamento, vontade ou sentimento, a inteireza original da resposta é refratada, ou rompida. Esta é a razão de nunca estarmos plenamente satisfeitos com a expressão, em palavras e imagens, daqueles *insights* mais profundos. Tampouco o nosso compromisso voluntário com a justiça e a paz, o nosso sim à pertença, é tão absoluto no nível prático quanto nos momentos de comunhão mística. E nossos sentimentos, muitas vezes, não conseguem celebrar a beleza que vislumbramos revelada por um instante, a beleza que continua a brilhar através do véu da realidade cotidiana.

Assim, doutrina, ética e ritual trazem a marca das nossas falhas, mesmo nesses estágios iniciais da religião. Não obstante, esses elementos cumprem uma função deveras importante, a de nos manter conectados, a despeito de quão imperfeitamente, com a verdade, bondade e beleza que, um dia, nos tiraram o fôlego. Esta é a glória de todas as religiões.

Desde que tudo corra bem com uma religião, a doutrina, a ética e o ritual operam como um sistema de irrigação, trazendo água sempre fresca da fonte do misticismo para a vida diária. As religiões diferem umas das outras, a exemplo dos sistemas de irrigação. Há diferenças objetivas, visto alguns sistemas simplesmente serem mais eficientes. Apesar disso, as preferências subjetivas também são importantes. Você tende a gostar do sistema com o qual está acostumado; o fator familiaridade o torna mais eficaz para você, independentemente dos outros modelos existentes no mercado. O tempo exerce influência sobre o sistema, os canos costumam enferrujar e passarem a vazar, ou entopem. O jorro proveniente da fonte transforma-se em gotejamento.

Felizmente, ainda não me deparei com uma religião cujo sistema não funcionasse de jeito nenhum. Porém, infelizmente, a deterioração começa no dia em que o sistema é implantado. No princípio, a doutrina é apenas a interpretação da realidade mística; a doutrina flui dela e para ela retorna. Mas, então, o intelecto se põe a interpretar a interpretação inicial.

As explicações, uma atrás da outra, vão se empilhando em cima da doutrina original. A cada nova interpretação da interpretação anterior, vamos afastando-nos cada vez mais da fonte experiencial. A doutrina viva se petrifica em dogmatismo.

Um processo similar, fatalmente, ocorre com a ética. No início, os preceitos morais apenas explicitam como traduzir a comunhão mística em vivência prática. Os preceitos nos lembram de proceder como alguém procede quando entre pessoas estreitamente ligadas e, deste modo, continuam nos remetendo ao nosso mais profundo senso místico de pertencimento. O fato de uma comunidade costumar fechar o cerco ao redor de si mesma é uma questão diferente. Trata-se, simplesmente, de uma tradução inadequada da intuição original. O círculo da comunhão mística inclui tudo.

Por querermos expressar um comprometimento permanente com a bondade entrevista nos momentos místicos, talhamos os preceitos morais em tábuas de pedra. Todavia, ao agir assim, convertemos a expressão daquele comprometimento em algo inalterável. Quando as circunstâncias mudam e exigem uma expressão diferente do mesmo engajamento, os Sins e os Nãos permanecem gravados na pedra e imutáveis. A moralidade se transforma em moralismo.

O que acontece com o ritual? No começo, conforme vimos, o rito é uma verdadeira celebração. Nós comemoramos recordando com gratidão. Tudo mais é opcional. O acontecimento específico que celebramos apenas desencadeia aquela lembrança grata, uma lembrança dos momentos em que estivemos mais profundamente conscientes de um pertencimento ilimitado. Sendo um lembrete e uma renovação de nossa conectividade suprema, cada celebração tem nuanças religiosas, ecos da comunhão mística. É também por isto que, quando celebramos, queremos que todos aqueles que nos pertencem de maneira especial estejam presentes. A repetição constitui parte da celebração. Cada vez que comemoramos um aniversário, por exemplo, aquele dia é enriquecido por uma sucessão de lembranças das datas anteriores.

Entretanto, a repetição traz embutidos alguns perigos, particularmente no tocante à celebração de rituais religiosos. Por serem tão importantes, desejamos que tenham a forma perfeita. E, antes mesmo de percebermos, acabamos mais preocupados com o formato do que com o conteúdo. Quando a forma é formalizada e o conteúdo é esquecido, o ritual se converte em ritualismo.

Por mais triste que seja, a religião, abandonada a si mesma, torna-se irreligiosa.

Certa vez, no Havaí, depois de caminhar sobre uma rocha vulcânica ainda quente, uma imagem para esse processo me ocorreu, não a imagem de água, e sim de fogo. O princípio das grandes religiões era como a erupção de um vulcão. Houve fogo, houve calor, houve luz. A luz do *insight* místico, enunciado num novo ensinamento; o que existe de melhor nos corações incandescendo no seu compromisso com uma comunidade de partilha; e a celebração, tão ardente quanto vinho novo.

A luz da doutrina, a incandescência do comprometimento ético e o fogo dos ritos da celebração eram expressões que jorravam, flamejantes, das profundezas da consciência mística. Mas, à medida que a torrente de lava descia pelas encostas da montanha, o esfriamento começava. Quanto mais a lava se afastava de suas origens, menos se parecia com fogo; transformava-se em rocha. Dogmatismo, moralismo, ritualismo: tudo isto são camadas de depósitos de cinzas e rochas vulcânicas que nos separam da magma abrasadora nas profundezas da superfície.

Porém, existem fissuras e fendas na rocha ígnea dos antigos fluxos de lava; existem fontes termais, fumarolas, gêiseres; acontecem até terremotos ocasionais e pequenas erupções. Estes representam os grandes homens e mulheres que reformaram e renovaram a tradição religiosa por dentro. De um modo ou de outro, esta é também a nossa tarefa. Toda religião possui um âmago místico. O desafio é encontrar acesso a ele e viver em seu poder. Nesse sentido, cada geração de crentes é sempre, e mais uma vez, desafiada a tornar sua religião verdadeiramente religiosa.

É aqui que o misticismo colide com a instituição. Precisamos de instituições religiosas. Se não existissem, nós as criaríamos. A vida cria estruturas. Pense nos arcabouços engenhosos que a vida inventa para proteger suas sementes, pense em todas aquelas cascas, crostas e películas, todos aqueles côdeas, invólucros e cápsulas encontradas numa cerca viva no outono. Chega a primavera e a nova vida racha esses contêineres – até mesmo a couraça das nozes! – e irrompe. Crosta, casca e espigas se rompem e são descartadas. Nossas estruturas sociais, entretanto, têm a tendência de se perpetuarem. As instituições religiosas, diferentemente das crostas, são menos prováveis de cederem à nova vida que se agita em seu interior. E, embora a vida, repetidamente, crie estruturas, estruturas não criam vida.

Os que estão mais próximos da vida que criou as estruturas terão o maior respeito por elas; mas também serão os primeiros a demandar que sejam mudadas as estruturas que, já não sendo capazes de sustentar a vida, a oprimem. Os mais próximos do âmago místico da religião não raro serão os agitadores causadores de desconforto dentro do sistema. Quão genuínos eles são ficará evidente através de sua compreensão compassiva para com aqueles a quem se opõem; afinal, os místicos vêm de uma esfera em que "nós" e "eles" são um só.

Em alguns casos, as próprias autoridades de uma instituição religiosa são místicos, como o foi o Papa João XXIII. Esses são homens e mulheres que percebem quando é chegada a hora de as estruturas se renderem à vida. Eles conseguem estabelecer a distinção entre fidelidade à vida e fidelidade às estruturas que a vida criou no passado e, assim, entendem suas prioridades corretamente. É o que fez Rumi ao escrever:

Não até que a fidelidade
se converta em traição
e a traição em confiança,
pode qualquer ser humano
se tornar parte da verdade.[11]

Observe que traição, ou o que é visto como tal, não é o último passo. Há uma etapa posterior, em que a traição se transforma em fé. Este partir e retornar é a jornada do herói; é a tarefa de todos nós. A fé – isto é, a confiança corajosa – desapega-se das estruturas institucionais e, assim, as encontra num nível mais elevado – vezes e mais vezes. Este processo é tão doloroso quanto a vida e igualmente surpreendente.

Uma das maiores surpresas é que o fogo do misticismo é capaz de derreter até mesmo o *rigor mortis* do dogmatismo, do legalismo e do ritualismo. Pelo olhar ou pelo toque daqueles cujos corações estão ardendo, a doutrina, a ética e o ritual esplandecem com a verdade, a bondade e a beleza do fogo original. A letra morta ganha vida, respirando liberdade.

"A escritura era feita por Deus, gravada nas tábuas" é o que lemos em Êxodo 32,16. Mas apenas as consoantes estão grafadas no texto hebraico – *chrth*. Os rabis, que também são místicos, olham para esta palavra e falam: Não leia *charath* (gravada); leia *cheruth* (liberdade)! A escritura de Deus não é "gravada"; a escritura de Deus é liberdade!

---

11. Trecho de uma tradução não publicada da obra de Rumi, retirado do livro intitulado *This Longing* (Putney, VT: Threshold, 1988), com a gentil permissão de Coleman Barks e John Moyne.

É preciso coragem e visão para enxergar além do nosso entendimento atual. As crianças fazem isto o tempo inteiro, com maior facilidade do que os adultos. Dizendo mais do que imaginava, uma estudante certa vez escreveu: "Muitos animais mortos do passado se transformaram em fósseis, enquanto outros preferiram ser petróleo". É isto que os místicos preferem. Vivos ou mortos, eles mantêm a religião em chamas.

Meditação

Um só é o espírito humano

Nota do editor: Em outubro de 1975, por ocasião do trigésimo aniversário da fundação das Nações Unidas, líderes das crenças religiosas hindu, budista, cristã, muçulmana e judaica se reuniram para refletirem sobre a dimensão moral e espiritual necessárias ao progresso. A cerimônia final aconteceu no Auditório Dag Hammarskjöld, no prédio da ONU. Os oradores das denominações budista, islâmica e judaica professaram crenças similares quanto à unicidade da humanidade. A cerimônia foi encerrada com uma meditação dirigida pelo Irmão David Steindl-Rast.

Irmãs e Irmãos no Espírito,

Visto sermos nós, verdadeiramente, um só coração, devemos ser capazes de encontrar uma expressão comum do Espírito que nos move neste momento. Porém a diversidade de nossos idiomas tende a nos dividir. No entanto, onde a linguagem das palavras fracassa, a linguagem silenciosa dos gestos nos ajuda a expressar a nossa unidade. Usando, pois, esta linguagem, vamos nos erguer e fincar nossos pés no chão.

Que o nosso ficar de pé seja a expressão de que estamos nos colocando à altura desta ocasião imbuídos de plena e profunda atenção quanto ao seu significado.

Que finquemos nossos pés num gesto consciente. Tenhamos consciência do chão em que pisamos. Este pequeno pedaço de chão não pertence a nenhuma nação em particular, e sim a todas as nações, unidas. A despeito de pequenino, este pedaço de chão é símbolo da concórdia humana, símbolo da verdade de que esta nossa pobre e maltratada Terra pertence a todos nós, conjuntamente.

Assim, enquanto de pé, feito plantas num solo fértil, finquemos nossas raízes na nossa unidade oculta. Permita-se sentir o que significa se erguer e estender suas raízes interiores.

Arraigados na terra do coração, exponhamo-nos ao vento do Espírito, o Espírito único que move todos os que se se deixam mover. Respiremos, profundamente, o sopro do mesmo Espírito.

Que o nosso ficar de pé seja testemunho de que partilhamos um denominador comum.

Que o nosso ficar de pé seja uma expressão de reverência por todos aqueles que, antes de nós, tomaram posição pela unidade da humanidade.

Fiquemos de pé, com reverência, no terreno do nosso esforço humano comum, unindo-nos a todos os que se ergueram sobre este chão, do primeiro artífice de ferramentas aos engenheiros criadores das máquinas e estruturas mais complexas.

Fiquemos de pé, com reverência, sobre o denominador comum da busca humana por significado, lado a lado com todos os que jamais pisaram este chão instigados pelo seu raciocínio perscrutador, na sua celebração da beleza, no seu serviço dedicado.

Fiquemos de pé, com reverência, perante todos aqueles que, sobre este chão, levantaram-se para se posicionarem – e foram ceifados.

Lembremo-nos de que ficar de pé, como agora ficamos, implica a prontidão de dar a vida por aquilo que defendemos.

Fiquemos de pé, respeitosos e extasiados, diante daquelas milhares e milhares de pessoas – conhecidas e desconhecidas – que deram suas vidas pela causa comum de nossa família humana.

Abaixemos nossas cabeças. Abaixemos nossas cabeças diante delas.

Fiquemos de pé e abaixemos nossas cabeças porque estamos sob julgamento.

Estamos sob julgamento porque "Um só é o Espírito humano". Se somos um com os heróis e os profetas, também somos um com aqueles que os perseguiram e os mataram. Um com os cúmplices e um com as vítimas.

Todos nós partilhamos a glória da grandeza humana e a vergonha do fracasso humano.

Permita-me, agora, convidar você a concentrar sua mente no ato de destruição mais desumano guardado em sua memória. Aproprie-se dele e, junto com toda a violência humana, toda a ganância, injustiça, estupidez, hipocrisia, junto com toda a miséria humana, lance-o, com todas as forças da sua alma, na torrente de compaixão e cura que faz pulsar o cerne do mundo – aquele âmago em que os nossos corações são um só. Este não é um gesto fácil. Talvez quase pareça difícil demais para alguns de nós. Porém, até que nossas raízes mais profundas possam alcançar e tocar essa fonte comum de concórdia e compaixão, ainda não teremos reivindicado, no mais íntimo do nosso ser, aquela unidade que é nosso direito humano, inato e comum.

Permanecendo firmes, então, nesta unidade, fechemos os olhos.

Fechemos os olhos para reconhecer a nossa própria cegueira diante do futuro.

Fechemos os olhos para focar nossa mente na luz interior, na nossa luz única e comum, em cujo brilho seremos capazes de caminhar juntos, mesmo na escuridão.

Fechemos os olhos como um gesto de confiança na condução do Espírito único que nos moverá, se abrirmos o coração.

"Um só é o Espírito humano", mas o Espírito humano é mais do que humano, porque o coração humano é insondável. Que nesta profundeza, silenciosamente, nós finquemos nossas raízes. Pois é aí que jaz a nossa única fonte de paz.

Daqui a instantes, quando eu pedir a você para abrir os olhos, pedirei também para se dirigir, neste mesmo Espírito, à pessoa ao seu lado com uma saudação de paz. Que a nossa celebração culmine e conclua com este gesto, com o qual nos enviaremos, uns aos outros, como mensageiros da paz. Façamos isto agora.

Que a paz esteja com todos vocês!

Fontes

As citações que aparecem no início de cada capítulo desta obra foram retiradas de livros da autoria do Irmão David.

Gratidão, a alma da oração
Editora Vozes

Jesus and Lao Tzu: The Parallel Sayings, editado por Martin Aronson, introdução de Irmão
David Steindl-Rast. Berkeley, CA: Ulysses, 2002

A Listening Heart: The Spirituality of Sacred Sensuousness. New York: Crossroad, 1999

Music of Silence: A Sacred Journey through the Hours of the Day.
Autores: David Steindl-Rast e Sharon Lebell.
Berkeley, CA: Ulysses, 2001